COMMENTAIRE

SUR

L'ORDONNANCE DES CONFLITS.

PARIS. — IMPRIMERIE ET FONDERIE DE G. DOYEN,
RUE SAINT-JACQUES, N° 38.

COMMENTAIRE

SUR

L'ORDONNANCE DES CONFLITS

(1er JUIN 1828);

PAR A. H. TAILLANDIER,

AVOCAT AUX CONSEILS DU ROI ET A LA COUR DE CASSATION.

OUVRAGE CONTENANT LES TRAVAUX DE LA COMMISSION,
LE RAPPORT DE **M. DE CORMENIN**,
LA LÉGISLATION ÉTRANGÈRE SUR LES CONFLITS, ETC.

PARIS,

J. L. J. BRIÈRE, LIBRAIRE-ÉDITEUR

RUE SAINT-ANDRÉ-DES-ARCS, N° 68.

1829.

AVERTISSEMENT.

La matière des conflits est l'une des plus importantes de notre nouvelle législation.

Établi pour assurer la séparation des pouvoirs administratif et judiciaire, le conflit est une arme dont on a souvent abusé, mais dont le gouvernement ne pourrait se dessaisir au profit des tribunaux sans amener le renversement de l'organisation politique, issue du principe consacré par l'Assemblée constituante sur la limite respective des pouvoirs.

Je ne juge point cette organisation; je rappelle le fait et j'en conclus que, si l'on veut prévenir les empiétements du pouvoir judiciaire sur l'administration, il faut bien reconnaître que le conflit est l'instrument propre à opérer cette séparation.

Mais il ne suffisait pas d'empêcher les

l'esprit de chacune des dispositions de cette nouvelle ordonnance, etc. »

C'est donc avec l'approbation de M. le garde des sceaux que je publie cet ouvrage; ce qui ne m'a pas empêché, en l'écrivant, de conserver toute la liberté dont ma profession me faisait un devoir, et que je n'abdiquerai jamais.

L'ordonnance du 1er juin 1828, comme on le verra, si l'on prend la peine de la comparer à l'ancien ordre de choses, a introduit de nombreuses améliorations. J'ose même assurer que si ce réglement avait la stabilité et l'autorité d'une loi, et que le jugement définitif du conflit fût remis à un corps indépendant et inamovible, cette partie de notre législation ne laisserait rien à désirer.

La question vitale du Conseil d'État sera discutée infailliblement dans la prochaine session; je pense que la lecture de cet ouvrage pourra jeter quelque jour sur plusieurs points qui s'y rattachent directement.

Dans le désir d'éclairer autant que possible cette matière épineuse, j'ai rapproché de la législation française sur les conflits d'attribution, celle qui est en usage dans les pays de l'Europe qui ont conservé, à peu de chose près, notre organisation judiciaire et administrative.

Ainsi cet ouvrage est divisé en trois parties.

Dans la première, j'ai retracé les travaux de la commission des conflits. M. de Cormenin a bien voulu me permettre de faire imprimer son excellent Rapport; c'est sans contredit le morceau le plus utile de tout l'ouvrage.

Dans la seconde partie, j'ai *commenté* l'ordonnance du 1er juin 1828; je me suis surtout appliqué à exposer avec le plus d'exactitude qu'il m'a été possible les véritables intentions des magistrats, des jurisconsultes et des hommes d'État qui ont préparé cette ordonnance.

Enfin, la troisième partie est exclusivement consacrée à la législation du royaume des Pays-Bas et des provinces rhénanes de la Prusse, en matière de conflit d'attribution.

Mon but sera rempli, si je puis contribuer à faire connaître le véritable sens des dispositions de l'ordonnance du 1er juin, et à empêcher par là qu'appliquée dans une intention différente de celle qui animait ses auteurs, cette ordonnance se prête jamais aux caprices de l'arbitraire et d'une interprétation intéressée.

COMMENTAIRE

SUR

L'ORDONNANCE DES CONFLITS.

PREMIÈRE PARTIE.

Précis historique des travaux de la commission des conflits.

L'Assemblée Constituante, qui avait été témoin du chaos existant dans l'ancienne législation, par rapport à la limite des juridictions, y voulut porter remède et mettre le nouvel édifice social qu'elle se proposait d'élever, à l'abri des désordres qui s'étaient introduits jusqu'alors dans l'administration de la justice, et qui résultaient en grande partie de l'envahissement du pouvoir judiciaire sur le pouvoir administratif.

Ce fut dans ce but que fut faite la disposition contenue dans l'article 13, titre II, de la loi du 24 août 1790.

Cette disposition est ainsi conçue :

« Les fonctions judiciaires sont distinctes et demeureront toujours séparées des fonctions administratives. Les juges ne pourront, à peine de forfaiture, troubler de quelque manière que ce soit les opérations des corps administratifs, ni citer devant eux les administrateurs pour raison de leurs fonctions. »

Le 16 fructidor an III, intervint une loi qui fit itérative défense aux tribunaux de connaître des actes d'administration, de quelque espèce qu'ils soient, aux peines de droit ; et la constitution qui fut décrétée dans la même année, portait, dans son article 187, que les administrations départementales et municipales ne pourraient s'immiscer dans les objets dépendants de l'ordre judiciaire.

Enfin la loi du 21 fructidor an III voulait, dans son article 27, qu'en cas de conflit d'attribution entre les autorités judiciaires et administratives, il fût sursis jusqu'à décision du ministre, confirmée par le Directoire exécutif qui en référerait, s'il était besoin, au Corps législatif, et qui était tenu de prononcer dans le mois.

L'institution des conflits remonte donc, dans notre législation, aux deux époques de la révolution française où l'on vit déployer les plus grands efforts pour conquérir la liberté : comment se fait-il que tant et de si justes plaintes se soient élevée s contre un ordre de choses qui semblerait, au premier coup d'œil, prendre sa source dans les ca- cipes du despotisme impérial?

C'est qu'en effet, dans les premiers temps, l'exercice des conflits ne pouvait blesser en rien ni les intérêts des parties, ni ceux de l'État.

Comme on vient de le voir, la loi du 21 fructidor an III, obligeait, dans les cas difficiles, le Directoire à en référer au pouvoir législatif ; ce qui eut lieu en de très-rares circonstances.

Nous n'en avons trouvé qu'un seul exemple dans les collections imprimées.

Le 2 prairial an v, le Directoire adressa un message au conseil des Cinq-Cents, relativement à un conflit élevé entre l'administration de la marine et un juge de paix, et ce fut le 23 fructidor an VII que cette assemblée prononça sur ce conflit.

Le 13 brumaire an x, le gouvernement consulaire rendit un arrêté en vertu duquel on remit aux préfets le droit d'élever le conflit. C'est à partir de cette époque qu'une garantie stipulée dans l'intérêt de la liberté devint une mesure de vexation et d'arbitraire.

Je ne rappellerai pas ici les diverses circonstances dans lesquelles des conflits véritablement scandaleux ont été élevés par des préfets, et jugés souvent trop légèrement, il faut le dire, par le Conseil d'État. Ces dernières années surtout ont été fécondes en mesures de ce genre, et ce fut avec

raison que l'opinion publique se prononça si vivement contre des abus qui blessaient les tribunaux
et les citoyens dans leurs droits respectifs.

Le gouvernement, mieux inspiré, sentit enfin le
besoin de mettre un terme à ce véritable fléau.

Pour arriver à cet heureux résultat, M. le garde
des sceaux rendit l'arrêté suivant :

« Nous pair de France, garde des sceaux, ministre-secrétaire d'État au département de la justice,

« Après avoir mûrement examiné les lois et les
réglements actuellement en vigueur et relatifs aux
conflits d'attribution, nous nous sommes convaincu que si les juridictions sont d'ordre public,
et s'il importe au bien de l'État que les limites qui
séparent la compétence judiciaire de la compétence administrative soient exactement respec-
tées, il n'est pas moins essentiel que les citoyens
soient assurés de n'être jamais distraits de la juridiction des tribunaux ordinaires, hors les cas prévus par les lois générales qui déterminent les attributions du pouvoir administratif, ou par des lois
spéciales :

« Qu'à cet effet, il serait utile de déterminer
d'une manière précise suivant quelles règles, en
quelles formes et dans quelles limites le droit de
revendication accordé à l'administration peut être
exercé ;

« En conséquence, nous avons arrêté et arrêtons ce qui suit :

« Art. I. Il sera formé une Commission de neuf membres : 1° pour examiner suivant quelles règles et quelles formes, et dans quelles limites le droit de revendiquer les affaires dont la connaissance appartient à l'administration, soit en vertu des lois qui ont réglé ses attributions, soit en vertu des lois spéciales, peut et doit être exercé aux termes des lois existantes, par les agents du gouvernement ; 2° pour proposer et rédiger, s'il y a lieu, les dispositions réglémentaires qui pourraient paraître nécessaires ou utiles pour maintenir l'autorité de la chose jugée, et la compétence des tribunaux, sans porter atteinte à l'indépendance de l'action de l'administration.

« Art. II. Sont nommés membres de cette commission :

« M. le baron Henrion-de-Pansey, conseiller d'État, président à la Cour de cassation ;

« M. le chevalier Allent, conseiller d'État, vice-président du comité du contentieux ;

« M. le baron Cuvier, conseiller d'État, vice-président du comité de l'intérieur ;

« M. Jacquinot de Pampelune, conseiller d'État, procureur-général près la Cour royale de Paris ;

« M. le baron Zangiacomi, conseiller d'Etat en service extraordinaire, conseiller en la Cour de cassation;

« M. le vicomte de Cormenin, maître des requêtes, rapporteur;

« M. Agier, maître des requêtes, conseiller à la Cour royale de Paris;

« M. Lepoitevin, doyen des conseillers de la Cour royale de Paris;

« M. de Lacroix-Frainville, ancien bâtonnier de l'ordre des avocats [1].

« Fait à Paris, en l'hôtel de la chancellerie, le 16 janvier 1828.

« Le pair de France, garde des sceaux, ministre-secrétaire d'État au département de la justice,

Signé COMTE PORTALIS. »

Cet arrêté reçut son exécution; la commission se réunit pour la première fois au Louvre, le 2 février 1828, sous la présidence de M. le garde des sceaux.

Dans cette séance préliminaire, M. de Cormenin fit un rapport lumineux sur la législation et la jurisprudence relatives aux conflits : nous devons à sa bienveillance de pouvoir le donner textuelle-

---

[1] L'auteur de cet ouvrage fut nommé secrétaire de la commission, par décision de M. le garde des sceaux du 23 janvier 1828.

ment ici ; nous croyons qu'il serait impossible de résumer avec plus de précision et d'habileté cette vaste et importante matière.

Rapport de M. de Cormenin, lu dans la première séance de la Commission des conflits.

MESSIEURS,

« En soumettant à vos méditations la régularisation des conflits, le ministère répond aux vœux pressants de l'opinion, avec laquelle les gouvernements représentatifs doivent toujours marcher.

« Mais, avant d'ouvrir vos délibérations sur un sujet si grave et qui embrasse tant de points de vue différents, vous croirez sans doute nécessaire que je remette sous vos yeux le tableau raccourci de la législation et de la jurisprudence.

« Les conflits d'attribution entre l'autorité administrative et l'autorité judiciaire, ont depuis la révolution, qui sera notre point de départ, pris un développement et des caractères tout nouveaux. Ils s'exercent dans des formes diverses et sur des matières nombreuses et importantes qui, avant cette époque, n'avaient pas même d'existence.

« Avec d'autres intérêts, le gouvernement a eu

d'autres besoins. Tous les rapports des choses ont changé.

« Jadis le conseil des parties était riche de maximes et de formules judiciaires, que la Cour de cassation a recueillies avec ses dépouilles.

« Jadis l'autorité royale était la source commune d'où tous les autres pouvoirs tiraient leur existence, leur cours et leur force.

« Le roi, en son conseil, revisait de pleine science et de pleine autorité tous les jugements ; il réglait les compétences ; il évoquait le fond ; il cassait les arrêts des parlements ; il posait la borne où il le voulait.

« Mais l'Assemblée Constituante priva la couronne de cette prérogative ; elle abolit les évocations et les commissions extraordinaires. Elle renversa de fond en comble l'organisation de l'ancienne société, et elle dressa sur ses ruines l'édifice parallèle des deux pouvoirs administratif et judiciaire.

« Les lois et instructions des 14 décembre et 28 septembre 1789 déterminèrent les fonctions des administrateurs de département et de district, et des municipalités.

L'art. 7 de la sect. 3 de la loi du 22 décembre 1790 porte : « que les administrateurs de « département et de district ne pourront être « troublés dans l'exercice de leurs fonctions admi- « nistratives par aucun acte judiciaire. »

« La loi du 24 août 1790 qui institua les différentes hiérarchies de l'ordre judiciaire (tit. 2, art. 13) porte : « Les fonctions judiciaires sont « distinctes et demeureront toujours séparées des « fonctions administratives ; les juges ne pourront, « à peine de forfaiture, troubler de quelque ma« nière que ce soit les opérations des corps admi« nistratifs, ni citer devant eux les administrateurs « pour raison de leurs fonctions. »

« La loi du 11 septembre, même année, attribue à l'autorité administrative la décision des contestations en matière de contributions directes, de marchés et entreprises de travaux publics, de réglement des indemnités dues aux particuliers à raison de terrains pris ou fouillés pour la confection des chemins, travaux et ouvrages publics de grande voirie, etc.

« La loi du 5 novembre 1790 voulut que la demande en paiement des sommes dues à l'État ou par l'État ne pût être intentée que par ou contre les commissaires du gouvernement près les administrations, et que les tribunaux n'en connussent qu'après qu'elle aurait subi l'examen des corps administratifs.

« Mais il ne suffisait pas que, pour prévenir la renaissance des désordres enfantés par la confusion des deux pouvoirs, l'Assemblée Constituante leur eût dit : « Marchez indépendants l'un de l'au« tre, et soyez toujours divisés pour être unis ; »

il fallait maintenir cette indépendance ; il fallait accorder des garanties à l'autorité administrative.

« Ces garanties, conditions nécessaires de son existence, devaient couvrir la personne des fonctionnaires, et les matières de la fonction.

« De là naquirent les mises en jugement et les conflits.

« Les mises en jugement des fonctionnaires ne purent s'effectuer sans l'autorisation préalable de l'administration.

« Les conflits ou réclamations d'incompétence furent soumis au Roi [1].

« Mais l'Assemblée Constituante n'eut pas le temps de régler le mode, les cas et les limites du conflit, et elle fut entraînée elle-même avec la monarchie dans le gouffre de la révolution.

« La Convention en sortit ; elle regarda autour de soi, et, se trouvant seule, elle réunit dans son faisceau de dictateur tous les pouvoirs du législateur, de l'administrateur et du juge.

« Elle annulait des jugements, soit par voie de référé, soit sur les propositions de ses comités, soit par l'organe de ses représentants. C'est ce qui résulte des décrets législatifs des 21 prairial an II, 15 pluviose et 1er fructidor an III, et d'une foule d'autres actes.

« Alors le pouvoir administratif changea d'objet,

---

[1] Voyez articles 2 et 3 de la loi du 7 octobre 1790.

et, devenu un instrument politique, il força l'asile des tribunaux, et s'étendit, sans terme comme sans mesure, sur les choses et sur les personnes.

« Alors parut la fameuse loi du 16 fructidor an iii, qui porte : « La Convention décrète qu'elle « annule toutes procédures et jugements interve- « nus dans les tribunaux judiciaires contre les « membres des corps administratifs et comités de « surveillance, sur réclamations d'objets saisis, de « taxes révolutionnaires, et d'autres actes d'admi- « nistration émanés desdites autorités pour l'exé- « cution des lois et arrêtés des représentants du « peuple en mission, ou sur répétition des sommes « et effets versés au trésor public.

« Défenses itératives sont faites aux tribunaux « de connaître des actes d'administration, de quel- « que espèce qu'ils soient, aux peines de droit. »

« Bientôt la constitution de l'an iii (fructidor, art. 21) mit le réglement des conflits dans les mains du Directoire, qui devait en référer, s'il en était besoin, au Corps législatif.

« Mais ce référé n'étant que de pure faculté, le Directoire, comme on se l'imagine bien, en usait sobrement.

« Sous le règne agité de cette oli,archie, les conflits furent un moyen de gouvernement aussi bien qu'un réglement de compétence. Je les ai tirés de la poudre des archives, et je les ai trouvés tout empreints de l'esprit et des nécessités du temps.

« C'est en les parcourant qu'on sent combien un gouvernement faible, et par conséquent tyrannique, peut abuser de cet instrument contre la liberté des citoyens et la sûreté des propriétés.

« Le conflit s'établissait alors de quatre manières, soit par la revendication formelle des administrations centrales, soit par leurs défenses d'obtempérer aux jugements des tribunaux, soit par la contrariété des décisions administratives et judiciaires, soit par la dénonciation des procédures et jugements au ministre de la justice [1].

« Tous arrêtés, soit des administrations locales, soit des commissaires ordonnateurs, ou autres chefs de services, constituaient le conflit.

« Tout passait sous le fil de cette arme tranchante.

« Il y a peu d'exemples que le Directoire ait référé pour la décision du conflit au Corps législatif.

« Il paraît que l'art. 27 de la constitution de l'an III tomba à peu près dans l'oubli, soit que le référé fût, dans la pratique, chose alors inexécutable, soit que le Directoire crût devoir, dans l'intérêt du gouvernement, retenir et exercer seul la prérogative souveraine du réglement de juges [2].

---

[1] Voyez arrêté du 24 messidor an V, et autres.
[2] Voyez ci-dessus, page 3.

« C'est ce qu'exprime sous une forme spécieuse un arrêté du 16 floréal an v, où on lit que : « le Di- « rectoire ne doit pas se rendre, auprès du Corps « législatif, l'intermédiaire de référés qui ne pré- « senteraient aux législateurs rien qui fût digne de « leur attention, et qui ne tendraient qu'à con- « sumer en pure perte leurs plus précieux in- « stants. »

« Tant il est vrai de dire que, même sous le gouvernement républicain, le droit de décider les conflits doit reposer uniquement entre les mains du pouvoir exécutif !

« C'est un spectacle digne de remarque que le tableau des conflits sous le Directoire.

« Les uns ont un objet politique, celui de se- courir les acquéreurs de biens nationaux contre les entreprises des tiers, et de surveiller la rentrée des proscrits ;

« Les autres ont un but administratif, celui de protéger la personne des agents secondaires du pouvoir et leurs actes, contre les entreprises des juges.

« D'autres enfin ont un intérêt fiscal, celui de garantir la sûre et facile perception des contribu- tions, la levée des réquisitions, l'exécution des marchés de fournitures, et les liquidations de créances poursuivies contre le trésor public.

« Parcourons rapidement les trois divisions que nous venons d'établir.

« I. Nous avons dit que les conflits élevés dans l'intérêt politique avaient pour but de protéger les acquéreurs de biens nationaux.

« 1° La compétence de l'autorité administrative, pour l'interprétation des ventes, fut long-temps contestée, même dans le sein du Corps législatif. Mais, par une résolution solennelle du Conseil des Cinq-Cents, du 8 vendémiaire an v, il fut passé à l'ordre du jour sur la proposition de renvoyer ces questions aux tribunaux.

« Cette résolution est le fondement de la jurisprudence sur ce point [1].

« 2° On soumettait ces sortes de contestations à l'examen des administrations centrales, sauf recours au ministre des finances, et ensuite au Directoire, et l'on annulait les exploits, significations, procédures et jugements des tribunaux, soit qu'ils se fussent permis d'expliquer les ventes, soit qu'en les annulant, ils eussent ordonné la réintégration des tiers dans les biens aliénés [2].

---

[1] Voy. lois des 1er fructidor an III. — 2 vendémiaire an IV. — Arrêtés du Directoire, des 13, 21 floréal, 14 prairial an IV. — 1er, nivose, 14 germinal. — 1er, 8, 14 floréal an v (inéd.).

[2] Voy. arrêtés des 26 vendémiaire, 2 prairial an VI ; 6, 22 vendémiaire, 24 floréal, troisième jour complémentaire an VII; 21 vendémiaire an VIII.

« Les motifs curieux de la plupart de ces arrêtés
sont : « que l'effet des ventes nationales ne saurait
« être modifié, suspendu ou annulé, que par
« l'autorité administrative ; que l'entreprise des
« juges tend à établir une lutte dangereuse entre
« les autorités, et à confondre tous les pouvoirs,
« à entraver la marche du gouvernement, et à
« détruire les mesures les plus propres à conso-
« lider la révolution et à perpétuer l'existence de
« la République [1]. »

« 3° Il en était de même du désistement ordonné par un tribunal, au préjudice d'un acquéreur, et au profit d'un autre acquéreur [2] ;

« Ainsi que de la question de savoir si la première vente du même objet est préférable à la seconde [3] ;

« Ou des contestations relatives aux créances
hypothéquées sur les biens nationaux [4] ;

« Ou de la liquidation des créances matrimo-
niales [5] ;

« Ou du mode de partage, ou des concessions

---

[1] Voy. arrêtés des 12 frim. et 4 nivose an VI (inéd.).

[2] Voy. arrêtés des 14 germinal, 8 prairial, 4 messidor an
VI. — 8 vendémiaire, 14 frimaire an VII.

[3] Voy. arrêté du 2 prairial an VII.

[4] Voy. arrêtés des 18 nivose an V et 12 vendémiaire an VII.

[5] Voy. loi du 1er floréal an III, art. 55 ; arrêté du 27 messidor an VII.

de jouissance provisoire des biens indivis avec les émigrés [1].

« 4° Quant aux oppositions des régnicoles à la vente annoncée ou consommée de leurs biens, la jurisprudence de cette époque avait établi la distinction suivante :

« Si la vente sur soumission ou sur enchère avait été consommée sans opposition antérieure des tiers régnicoles, elle était maintenue, sauf le recours en indemnité devers le trésor public [2].

« La raison politique forçait encore ici la raison de droit civil.

« Il en était de même, mais pour un autre motif, si l'opposition à la vente était faite par un précédent acquéreur. Car il s'agissait alors d'interpréter un acte administratif d'où le tiers revendiquant tirait uniquement son droit [3].

« Alors l'autorité administrative prononçait : Si l'opposition avait été signifiée aux administrateurs ou aux soumissionnaires, avant l'adjudication ou la délivrance du contrat, elle conservait le droit des tiers, et ramenait, nonobstant vente et revente, la question préalable de propriété devant es tribunaux.

[1] Voy. Arrêtés des 12 et 22 floréal an v.
[2] Voy. Deux Arrêtés du 2 prairial an vi.
[3] Voy. Arrêté du 18 thermidor an vii.

« C'est la doctrine qui résulte de plusieurs arrêtés des 8 thermidor an VI, 14 nivose, 13 fructidor, 28 prairial, 11 thermidor an VII, 11 brumaire an VIII (inéd.), portant : « Si les récla-« mations de propriété antérieures à la vente doi-« vent être jugées par les tribunaux, si la nation « a consenti de soumettre ses droits à cet égard « à la décision du pouvoir judiciaire, c'est une « conséquence nécessaire de ce principe, que les « corps administratifs ne puissent préjuger les « mêmes questions de propriété, soumises aux « tribunaux, en vendant, au préjudice de l'action « intentée par les tiers réclamants, les mêmes « biens qui sont l'objet de ces réclamations. »

« 5° C'est dans le même sens que les simples questions de servitude étaient renvoyées devant les tribunaux, « attendu qu'une action réelle, quoi-« qu'elle ait pris naissance dans des actes admi-« nistratifs, ne cesse pas d'être judiciaire, lors-« qu'elle ne tend pas à détruire ou à altérer ces « mêmes actes administratifs [1]. »

« 6° Pareillement, les revendications exercées par les régnicoles sur les biens sequestrés, à titre de propriété ou de servitude, étaient du ressort des tribunaux [2].

---

[1] Voy. arrêté du 14 pluviose an VI (inéd.).

[2] Voy. arrêtés des 1er nivose et 27 messidor an VII.

« On en donnait pour raison que la nation ne peut être juge et partie dans sa propre cause.

« 7° C'était la même raison de décider pour les revendications faites sur les domaines engagés, appréhendés par l'État en exécution de la loi du 16 frimaire an II [1],

« Ou pour toute autre question de propriété [2].

« 8° Enfin la même distinction s'était établie à l'égard des baux des biens séquestrés.

« Un décret du 8 messidor an VII porte : « Que les baux des biens nationaux faits avant que « ces biens eussent été déclarés tels, lesquels sont « l'ouvrage des particuliers dans la disposition de « qui ces biens étaient alors, doivent, par cette « raison, être rangés dans la classe des conven- « tions privées ;

« Que ces baux, n'étant point l'ouvrage des « corps administratifs, ne doivent pas être an- « nulés par eux [3];

« Qu'il en est de même, *à fortiori*, des baux « des biens communaux [4]; »

« Ainsi, la compétence se tirait, soit de la qua- lité privée de celui qui avait passé l'acte, soit du défaut d'intérêt de l'État [5].

---

[1] Voy. arrêté du 2 prairial an V.
[2] Voy. arrêté du 26 vendémiaire an VI.
[3] Voy. arrêté du 12 vendémiaire an VII (inéd.).
[4] Voy. arrêté du 12 germinal an VII.
[5] Voy. arrêté du 4 floréal an VII.

« Il aurait mieux valu l'induire, soit de la nature de la contestation, soit du défaut de juridiction légalement exceptionnelle.

« C'est même ce que paraît avoir pressenti un arrêté du 8 messidor an VII, lorsqu'il établit : « que la perception de tous les fruits et revenus « nationaux a été spécialement attribuée au do- « maine par la loi du 12 septembre 1791, et que « du rapprochement des lois des 11 septembre « 1790 et 9 octobre 1791, il résulte que les con- « testations relatives, tant aux impôts indirects, « qu'aux autres perceptions à faire par cette « régie, appartiennent aux tribunaux civils [1]. »

« 9° C'est aussi en vertu d'une disposition légale de compétence exceptionnelle, qu'un arrêté du 11 vendémiaire an VII décide : « que la loi du « 1er floréal an III a bien confié aux administrations « tout le matériel des partages de biens indivis « avec la nation aux droits des émigrés, et la for- « mation des lots, lorsque les portions afférentes « à chaque copartageant sont reconnues et déter- « minées ; mais que, loin d'établir la nation juge « dans sa propre cause, le législateur a ordonné, « par l'article 118, que toutes contestations rela- « tives à la propriété des biens indivis avec les « émigrés seraient décidées par des arbitres [2] ».

[1] Voy. arrêté du 26 brum. an V.
[2] Voy. arrêtés des 28 floréal an VI. — 22 floréal an VI. — 15 thermidor an VII.

« 10° Toutefois, si les tribunaux ordonnaient de payer à un acquéreur, dont le titre a été annulé, des fermages que l'administration centrale avait prescrit de verser dans les caisses du trésor, leur jugement était annulé :

« Car ils excédaient leurs pouvoirs, soit en s'immisçant dans l'exécution d'un acte administratif, soit en statuant sur le mérite et les effets d'un ordre délivré par l'administration [1].

« 11° De même, lorsque les tribunaux rétablissaient les parents de l'émigré en jouissance d'un bien séquestré et loué à un tiers par le domaine, on décidait que la contestation était administrative [2].

« Car alors il s'agissait moins d'interpréter ou d'appliquer un bail, que de déterminer les effets d'un séquestre national, et par conséquent de statuer sur les droits, exceptions et qualités de ceux qui prétendaient le faire lever.

« 12° C'est également dans un but politique que le Directoire annulait les jugements des commissions militaires, qui renvoyaient fréquemment les prévenus d'émigration traduits devant elles, absous et libres.

« Le prétexte de cette annulation était que les commissions militaires devaient se borner à sta-

[1] Voy. arrêté du 16 brumaire an v.
[2] Voy. arrêté du 28 thermidor an vii.

tuer sur le fait d'identité des personnes, et qu'il n'appartenait qu'à l'administration de statuer sur le fait d'émigration [1].

« 13° C'est dans le même sens que le Directoire annulait les ordonnances des directeurs de jurys, qui prescrivaient la mise en liberté des déserteurs [2],

« Ou des prêtres déportés. » « Attendu que les
« prêtres déportés, rentrés, ou déportables, ne
« sont pas justiciables des tribunaux, et que la
« déportation qu'ils ont encourue doit être or-
« donnée et exécutée par l'administration cen-
« trale, devant laquelle les directeurs de jurys et
« les tribunaux doivent toujours les renvoyer
« lorsqu'ils sont conduits devant eux [3]. »

« II. Les conflits avaient aussi pour but d'appliquer aux arrêtés pris, aux ordres exécutés, et aux faits commis par les agents du gouvernement, dans l'exercice de leurs fonctions, la garantie constitutionnelle [4].

---

[1] Voy. loi du 23 brumaire an III, tit. 5, art. 1, 2, 3, 4, 5. — Loi du 19 fructidor an v. — Arrêtés des 6 pluviose, 16 ventose an v; 8 ventose, 6, 28 fructidor an VI; 16 brumaire, 8, 12 nivose, 24 pluviose, 22 ventose, 2, 24, 28 floréal, 2, 14 prairial, 7, 8 fructidor an VII; 21 vendémiaire an VIII.

[2] Voy. arrêté du 26 germinal et 18 floréal an v.

[3] Voy. arrêté du 28 fructidor an VI.

[4] Voy. arrêté du 12 fructidor an v.

« A la vérité, des propos injurieux, des arrestations et détentions arbitraires, des violences, rixes et voies de fait, des dilapidations et concussions, des faux commis en écritures publiques et authentiques, ne caractérisent pas des actes administratifs, et qui puissent tomber sous la juridiction du gouvernement;

« Mais quelques-uns de ces faits pouvaient se rattacher, dans ces temps de troublés, à l'exercice de la police municipale, administrative ou religieuse; à l'emploi, direction et mouvement de la force armée; à la salubrité, sûreté et tranquillité publiques; à l'impulsion secrète reçue, ou aux ordres patents émanés de l'autorité supérieure [1].

« Il paraissait donc au gouvernement directorial qu'il lui appartenait de caractériser d'abord l'acte incriminé, sauf à suspendre son agent, ou à ordonner, à la suite de l'arrêté de conflit, la traduction de cet agent devant les tribunaux, ou une plus ample instruction, de sorte que les prérogatives et nécessités de l'administration se trouvaient garanties, sans que les délits et crimes de ses agents restassent impunis.

« C'est du moins ce que le Directoire cherchait à exprimer dans un arrêté du 16 floréal an v,

---

[1] Voy. arrêtés des 17 ventose, 24 messidor an v. — 8 vendémiaire, 8 frimaire, 2, 4 nivose, 14 germinal, 2 prairial an vi; 4 vendémiaire, 22 pluviose, 26 thermidor, 8 fructidor an vii.

portant que : « de ce que l'autorité judiciaire ne
« peut s'arroger le droit de s'immiscer dans les
« opérations administratives, il n'en résulte pas
« que des administrateurs qui ont commis des dé-
« lits dans l'exercice de leurs fonctions doivent
« rester sans punition; mais que c'est au Directoire
« exécutif qu'il appartient, d'après l'art. 196 de
« la constitution, de décider si les délits par eux
« commis, comme administrateurs, donnent lieu
« à des réparations ou à des peines dont la pour-
« suite doive être renvoyée devant les tribu-
« naux; qu'ils ne peuvent connaître des actes
« d'administration, réputés délits, soit qu'ils aient
« été commis par des administrateurs seulement,
« soit même qu'ils l'aient été par des administra-
« teurs, conjointement avec d'autres citoyens,
« sans que le Directoire exécutif ait renvoyé l'af-
« faire et les prévenus devant les tribunaux,
« conformément à l'art. 196 de l'acte constitu-
« tionnel [1]. »

« Un arrêté du 2 nivose an VI ajoute : Qu'en
« aucun cas, les administrateurs ne peuvent être
« traduits devant les tribunaux, pour raison de
« leurs fonctions, sans l'autorisation spéciale du
« Directoire exécutif [2]. »

[1] Voy. loi du 24 août 1790, tit. 2, art. 13. — Art. 203 de la
constitution de l'an III ; Code pénal, art. 642.

[2] Voy. arrêté du 2 vendémiaire an VII.

« D'après ces principes, tous les mandats d'amener et d'arrêt, les actes d'accusation, citations en justice, procédures, ordonnances, jugements de condamnation contre les agents du gouvernement, sans autorisation préalable, étaient annulés par la voie du conflit, sauf la mise en jugement postérieure [1].

« C'est dans ce sens qu'il a été décidé, par un arrêté du 1er floréal an v, qu'en admettant même que le fait argué ne constituât pas une opération administrative, les tribunaux ne peuvent le réputer crime et le punir ; qu'ainsi il n'est pas permis aux juges de décerner dans ce cas des mandats d'arrêt.

« C'est aussi dans le même sens qu'un conflit a été maintenu par arrêté du 2 vendémiaire an vii, à défaut, par la partie qui poursuivait l'État, d'avoir remis son mémoire à l'administration, dans les formes prescrites par l'art. 15 de la loi du 5 novembre 1790.

« Enfin un arrêté du 18 vendémiaire an vi étend même les bénéfices de la garantie par voie de revendication :

---

[1] Voy. arrêtés des 3, 12 floréal, 3 prairial, 16 thermidor, 16 fructidor an iv ; 13 vendémiaire, 4, 22 brumaire, 16, 24 nivose, 6, 7, 14 pluviose, 18 germinal, 1er, 14, 26 floréal, 24 prairial an v ; 28 brumaire, 2 nivose an vi. 14 vendémiaire, deux du 12 nivose an vii.

« 1° Aux gardes nationales et aux particuliers qui leur prêtent main-forte, « attendu que la force « armée, agissant d'après les ordres des adminis- « trateurs, n'est responsable de sa conduite qu'aux « autorités administratives qui l'emploient, et que « les particuliers qui se joignent à elle participent « à la même garantie [1]; »

« 2° Aux officiers mêmes de l'état civil, pour- suivis pour faux commis dans les registres, « at- « tendu que les actes de naissance, mariage et « décès, font partie des fonctions administra- « tives [2]. »

« 3° Mais de ce que la garantie ne s'appliquait qu'aux fonctionnaires inculpés, et non aux fonc- tionnaires accusateurs, on en concluait que les plaintes pour injures, par exemple, formées par un maire contre un particulier, ne pouvaient être évoquées par l'administration centrale [3].

« 4° On décidait aussi que les tribunaux étaient compétents pour statuer sur les faits incriminés, après avoir reconnu qu'ils avaient été commis hors des fonctions : dans ce cas, les procédures et jugements postérieurs au conflit étaient annulés

[1] Voy. arrêté du 8 vendémiaire an VI.

[2] Voy. arrêtés des 12 nivose, 12 pluviose, 24 germinal an VII.

[3] Voy. arrêté du 18 prairial an IV.

pour excès de pouvoirs, et les arrêtés des administrations centrales, pour cause d'incompétence [1].

« 5° Enfin le Directoire a maintenu plusieurs conflits dans un intérêt administratif et dans des matières diverses, relatives :

« Aux constructions de bâtiments ordonnées par des agents municipaux [2];

« Au curage de fossés sur les grandes routes [3];

« Aux rôles pour l'assiette, la coupe et la distribution des bois communaux [4];

« Au mode de remplacement des arbres abattus le long des grandes routes [5];

« Aux extractions de pierres, sables et matériaux pour leur réparation [6],

« A l'exercice du droit de passage réclamé par les propriétaires riverains, sur les chemins supprimés comme inutiles, et rendus à l'agriculture [7];

« A la validité et à l'étendue des droits d'usage dans une forêt de l'État [8];

---

[1] Voy. arrêtés des 2, 5 germinal, 16 floréal an v.

[2] Voy. arrêté du 8 prairial an vi.

[3] Voy. loi du 6 septembre 1790, tit. 14, art. 6; loi du 6 octobre 1791, art. 44. — Arrêté du 8 messidor an vi.

[4] Voy. arrêtés des 2 messidor an iv. — 6 pluviose an v. — 24 pluviose an vii.

[5] Voy. arrêté du 18 ventose an vi.

[6] Voy. arrêté du 2 floréal an vii.

[7] Voy. arrêté du 26 fructidor an vii.

[8] Voy. arrêté du 11 vendémiaire an viii.

« On s'appuyait, à cet égard, sur l'ordonnance
de 1669, tit. 20, art. 7, qui attribuait le réglement de ces droits au Conseil d'État ; sur la loi du
22 septembre 1790, sect. 3, art. 2, et sur l'arrêté
du Directoire du 5 vendémiaire an v, art. 1 et 2.

« III. Les conflits élevés et maintenus par le
Directoire, dans un intérêt fiscal, comprennent ce
qui est relatif :

Aux créances sur l'État ;

Aux contributions directes, et même indirectes ;

Aux réquisitions en nature ;

Aux marchés de fournitures et de travaux publics, etc.

« 1° Les créances sur l'État ne peuvent être
poursuivies, reconnues, liquidées et payées que
par voie administrative.

« Ce principe est développé dans les considérants d'un arrêté du 28 fructidor an iv, lesquels
portent : « qu'il est sans exemple que, même en
« vertu de condamnations régulières et légales
« obtenues contre l'État, on ait procédé par saisie
« d'effets ou de biens nationaux ; que l'exécution
« des jugements qui interviennent dans les tribu-
« naux contre l'État, est essentiellement admi-
« nistrative ; que s'il en était autrement, il dépen-
« drait des créanciers de la nation d'arrêter toutes
« les recettes de la trésorerie nationale, de diriger
« seuls ses paiements, de saisir tous les approvi-
« sionnements des armées, de paralyser tous les

« établissements publics, d'entraver tous les ser-
« vices, et de renverser le gouvernement. »

« 2° L'art. 190 de la constitution de l'an III et la
« loi du 19 brumaire an V, art. 3, ont attribué
« aux autorités administratives tout ce qui a rap-
« port au paiement des contributions [1].

« C'est ce qu'expriment les arrêtés des 18 floréal, 4 et 24 prairial an V, desquels il résulte que :
« tout ce qui tient au paiement et au mode de
« paiement des contributions est essentiellement
« administratif; qu'aucune autorité judiciaire n'a
« le droit de vérifier les registres et la caisse d'un
« dépositaire de deniers publics, et d'en ordonner
« l'apport au greffe du tribunal ; de contrôler et
« d'arguer de faux le recensement de population
« et autres opérations administratives; de dé-
« cerner des mandats ou de prononcer des con-
« damnations contre les agents nommés par l'ad-
« ministration pour prendre des renseignements
« sur l'emploi, la nature et la destination des
« fonds provenants de contributions; que les dé-
« positaires, percepteurs et comptables de de-
« niers publics ne doivent répondre qu'au gou-
« vernement, et subordonnément, aux adminis-
« trations, des actes relatifs à leurs fonctions; que
« les mettre en jugement pour ces actes, c'est y
« mettre le gouvernement lui-même, par les or-

[1] Voy. arrêté du 16 pluviose an VI.

« dres duquel ils sont toujours supposés agir [1]; »

« Qu'il en est de même des actions en paiement de frais pour la confection des matrices de rôles de la contribution [2].

« Cet intérêt du fisc parut même si pressant, que le Directoire a cassé, sans conflit, des jugements rendus, en matière de douane, par des tribunaux correctionnels et criminels, renvoyé les parties devant le directeur du jury, et ordonné la transcription de son arrêté sur les registres desdits tribunaux [3].

« 3° Les contestations relatives aux réquisitions de fournitures, aux billets de logement, salaires et frais de nourriture des militaires, ordonnés par le gouvernement, et exécutés par ses agents, ne peuvent être décidées que par l'administration.

« La raison en est que de tels actes n'engendrent pas, de la part de l'agent, d'obligation personnelle; qu'ils ne lient que le gouvernement; qu'ils se convertissent en indemnité, en créance; que toute créance contre le trésor ne peut être poursuivie, réglée et acquittée, que par voie administrative [4].

---

[1] Voy. arrêtés des 27 frimaire an v. — 4 brumaire, 12 fructidor an vi.

[2] Voy. loi du 18 prairial an v, art. 10 et 14. — Arrêtés des 26 frimaire, 18 thermidor an vi (inéd.).

[3] Voy. arrêté du 13 messidor an vii (inéd.).

[4] Voy. arrêtés des 4, 12 niv., 14, 16 pluv., 4 vent., 4 fruct. an vi. — 24 niv., 12 germ., 16 fruct. an vii (inéd.).

« 4° Quant aux marchés de fournitures et de travaux, pour savoir si la contestation est administrative ou judiciaire, il faut rechercher la nature de la convention, la qualité des contractants, la destination et l'emploi des choses fournies, la caisse publique ou particulière d'où sortent les fonds du paiement, enfin, l'intention des parties, ainsi que l'ensemble des faits, actes et circonstances de chaque espèce.

« Ce principe a été appliqué dans plusieurs arrêtés desquels il suit :

« Que ce qui caractérise essentiellement un marché fait par le gouvernement, et pour son compte, c'est que les sommes qui en résultent sont dues et doivent être payées avec les fonds fournis par le trésor public [1] ;

« Mais que toutes les conventions personnelles, passées, soit entre les compagnies ou leurs agents et préposés, soit entre lesdits agents et les tiers, sont du ressort des tribunaux [2] ?

« Tel est le résumé de la jurisprudence directoriale sur les conflits [3].

---

[1] Voy. arrêtés des 2 germinal an v. — 2 nivose, 6 germinal an vi. — 26 pluviose, 26 thermidor an vii.

[2] Voy. arrêtés des 2, 4, 8 germinal an vi. — 14 pluviose, 22 nivose, 22 germinal an vii. — 6 vendémiaire an viii (inéd.).

[3] Les textes des conflits directoriaux, ci-dessus rappelés, sont d'autant plus curieux qu'ils sont inédits.

« La constitution de l'an VIII ne mit pas fin à ce désordre des compétences.

« L'article 52 chargea bien le Conseil d'État de résoudre les difficultés qui s'élevaient en matière administrative ; mais on n'indiqua pas nettement le pouvoir qui devait régler les conflits entre les autorités administrative et judiciaire.

« La loi du 28 pluviose an VIII ne tarda pas à modifier les formes de l'administration intérieure.

« En substituant à un administrateur collectif, nommé par le peuple, un administrateur unique, nommé par le Premier Consul, elle ramena dans le pouvoir la force qui vient de l'unité.

« Elle remit l'action de l'administration au préfet, et le contentieux de l'administration aux conseils de préfecture.

« Elle détermina, en même temps, les attributions de ces nouveaux juges administratifs.

« Ainsi, la matière des conflits existait légalement.

« Mais à quelle autorité leur jugement devait-il appartenir ?

« C'est ce qu'un simple réglement d'organisation intérieure décida.

« L'article 11 de ce réglement, en date du 5 nivose an VIII, établit que le Conseil d'État prononcerait sur les conflits qui pouvaient s'élever entre l'administration et les tribunaux.

« Il paraît assez étrange qu'on crût pouvoir faire alors, par un simple réglement, ce que peu d'années auparavant on avait cru ne pouvoir faire que par la constitution même de l'État.

« Quoi qu'il en soit , le mode des conflits resta incertain , même après ce réglement.

« Il s'établissait alors soit par le Conseil d'État lui-même , sur le refus d'obtempérer à la réquisition du ministère public ; soit par la seule contrariété de décisions entre un arrêté et un jugement.

« Les conseils de préfecture déclaraient aussi le conflit , par imitation des anciennes administrations centrales , auxquelles ils avaient succédé.

« Enfin le Conseil d'État annulait , sans conflit , des jugements , sur le rapport du domaine ou des ministres.

« L'arrêté des consuls du 13 brumaire an x vint régulariser le mode de procéder dans cette matière.

« Les conflits élevés par les préfets , soit sur l'invitation des ministres , soit à la réquisition des parties , soit sur l'information des commissaires du gouvernement , soit d'office , étaient transmis par eux au Grand-juge , et au ministère de l'intérieur ; ils arrivaient ensuite à l'assemblée générale du Conseil d'État , par des voies différentes.

« En effet , ils étaient instruits , ou par la section de législation , ou par la section de l'intérieur , ou par la commission du contentieux.

« Tantôt, considérés comme des affaires contentieuses, on admettait l'intervention des parties, et leur opposition aux décrets par défaut.

« Tantôt considérés comme des actes de haute administration, on excluait les parties de leur instruction.

« Voilà pour l'instruction et la forme des conflits.

« Quant aux délais de leur élévation, de leur transmission et de leur réglement, ils étaient tracés, mais vaguement, par l'article 21 de la loi du 21 fructidor an III, et par l'arrêté des consuls du 13 brumaire an x. On flottait sur ce point, alors comme encore aujourd'hui, sans règle bien précise.

« Quant aux limites du conflit, nous avons vu avec quelle rapidité leur cercle se développa.

« Le conflit, sous le Directoire, faisait main-basse sur tous les jugements, quels que fussent leur caractère et leur autorité.

« Sous l'Empire même, il réduisit au néant les arrêts de la Cour de cassation.

« La commission du contentieux, qui vint à luire dans ces temps-là, comme un rayon de liberté, et qui mérite notre reconnaissance, moins pour le bien qu'elle ne pouvait pas faire, que pour le mal qu'elle a empêché, opposa une digue à ce torrent d'empiétement sur l'autorité judiciaire. A mesure que cette précieuse institution s'affermit dans sa marche, elle restitua aux tribunaux toutes les questions de propriété, de titres et d'état ; elle resserra de toutes parts les usurpations des corps administratifs ; elle les renferma dans les bornes légales de leur compétence, et, après avoir défini et classé les différents pouvoirs , elle les ramena, peu à peu au véritable esprit de leur institution.

« Elle tenta aussi de restreindre l'exercice illimité du conflit.

« En effet, par décret du 15 janvier 1813, elle établit que le conflit ne pouvait pas être élevé après des contestations terminées par des jugements qui avaient acquis l'autorité de la chose jugée.

« Cependant, il faut le dire, un décret du 6 janvier 1814 expliqua bientôt que ce que le Conseil d'État entendait par chose jugée, c'était la chose irrévocablement jugée par l'expiration du délai du pourvoi en cassation.

« Ce décret, qui fit un pas rétrograde, fut inséré au Bulletin des lois pour servir de règle aux préfets.

« C'est dans cet état que la restauration surprit les choses.

« Tout parut un instant supprimé : conflits, juridictions, matières.

« On s'est demandé pourquoi le Conseil d'État fut alors rayé de la Charte.

« C'est que, comme pouvoir constitutionnel, il n'entrait pas dans les formes du gouvernement du

Roi ; il n'aurait pas laissé les ministres assez seuls, assez face à face des Chambres, assez responsables.

« Comme conseil d'administration, il importunait du souvenir de son contrôle le ministre de l'intérieur, qui prit une si grande part à la rédaction de la Charte.

« Comme juge des affaires contentieuses, cette fonction se perdait tellement dans l'éclat et l'importance de ses autres attributions constitutionnelles, qu'on n'y pensa point.

« Mais quelques jours furent à peine écoulés, qu'on sentit la nécessité de ne pas renvoyer aux tribunaux l'expédition des affaires contentieuses de l'administration, qui s'arriéraient ; ni de confier exclusivement à l'incurie et à l'ignorance des employés des bureaux la préparation des ordonnances et des réglemens d'administration publique, qui venaient s'y entasser.

« Alors on songea à reconstituer le Conseil d'État ;

« Mais le ministère n'avait pas encore secoué l'impression de ses premières alarmes.

« Les comités du conseil furent placés dans la dépendance étroite des ministres ; système que leur frayeur inventa, mais que leur responsabilité justifie.

« L'assemblée générale, ce lien commun des fractions du Conseil, ne se réunit pas une seule fois dans tout le cours de la première restauration.

3.

« Le comité du contentieux lui-même, présidé par le Chancelier, chef de la justice, comme il l'avait toujours été par le Grand-juge, préparait alors sous le nom d'*arrêts* (terme beaucoup plus convenable que celui d'ordonnances), les projets de décision que le Chancelier, sans autre délibération intermédiaire, présentait directement à la sanction du Roi.

« Qu'on eût fait alors un seul pas de plus; qu'on eût donné les conflits au comité de législation, les mises en jugement aux comités respectifs des ministres responsables, et l'inamovibilité aux membres du comité du contentieux, et la France voyait dès lors se compléter heureusement le système de nos libertés civiles.

« Quoi qu'il en soit, les ordonnances réglémentaires qui, depuis la restauration, modifièrent tant de fois le Conseil d'État, sans l'améliorer, mirent les conflits dans les attributions exclusives du comité du contentieux.

« C'est sur le rapport de ce comité, et par arrêt du 6 février 1815, inséré au Bulletin des lois, qu'il fut établi que le conflit ne pourrait être élevé après des jugements pris en dernier ressort et des arrêts de Cours royales, rendus contradictoirement.

« Cette doctrine que je vous proposerai, messieurs, de consacrer, fut renversée par la jurisprudence en 1819, et l'on revint aux principes qui avaient dicté le décret du 6 janvier 1814.

« Cependant l'assimilation des conflits aux autres matières contentieuses entraînait l'intervention des parties; intervention dispendieuse pour elles, lente pour la distribution de la justice, et qui conduisit à examiner si les conflits ne constituaient pas plutôt des actes de haute administration que des arrêts, et s'il ne convenait pas d'accélérer, dans l'intérêt public, leur transmission et leur réglement.

« De cet examen sortit l'ordonnance royale du 12 décembre 1821, qui couronne la législation de la matière, et dont voici les dispositions :

« ART. 1er. Lorsque, conformément aux art. 3 « et 4 de l'arrêté du 13 brumaire an x (4 novem- « bre 1801), le préfet aura élevé le conflit, il trans- « mettra, dans les trois jours, expédition de son ar- « rêté à notre procureur près le tribunal saisi de « l'affaire, et à notre garde des sceaux ministre-se- « crétaire d'État de la justice, ainsi qu'à notre mi- « nistre de l'intérieur.

« ART. II. Dans les trois jours de la réception « de l'arrêté de conflit, notre procureur informe- « ra par lettre les avoués des parties, ou les par- « ties elles-mêmes, lorsqu'il n'y aura pas d'avoué « constitué, de l'existence du conflit, en les aver- « tissant qu'elles peuvent prendre connaissance

« de cet arrêté à la préfecture, et s'en faire déli-
« vrer sans frais expédition. Il fera constater la
« remise de sa lettre par certificat de réception
« des avoués, des parties ou du maire de leur do-
« micile.

« Art. iii. Dans la huitaine, notre procureur
« rendra compte à notre garde des sceaux, et lui
« adressera le jugement intervenu, ou la citation,
« s'il n'a pas été rendu de jugement, et les certifi-
« cats de réception de ses lettres d'avis aux par-
« ties.

« Art. iv. Les parties qui croiraient devoir
« présenter des observations sur le conflit, les
« adresseront, avec les pièces à l'appui, au secré-
« taire-général de notre Conseil d'État, dans les
« délais déterminés par l'art. 4 du réglement
« du 22 juillet 1806.

« Art. v. Les observations seront fournies par
« simple mémoire, signé de la partie ou d'un avo-
« cat en nos conseils ; lorsque la partie signera
« seule, sa signature sera légalisée par le maire de
« son domicile.

« Art. vi. Faute par les parties d'avoir, dans
« le délai fixé, remis leurs observations et les
« documents à l'appui, il sera passé outre au
« jugement du conflit, sans qu'il y ait lieu à
« opposition, ni à révision des ordonnances in-
« tervenues.

« Art. vii. Il ne sera prononcé sur ces obser-

« vations, quelque jugement qui intervienne, au-
« cune condamnation de dépens.

« ART. VIII. En ce qui concerne les réglements
« de juges, entre l'administration et les tribunaux,
« qualifiés de conflits négatifs, il y sera procédé
« comme par le passé. »

« Après avoir retracé l'histoire des conflits, leur
origine, leur progrès, et leurs vicissitudes, et après
avoir mis sous vos yeux les lois et réglements qui
les régissent, il me reste à vous exposer les règles
déduites de la jurisprudence actuelle du Conseil
d'État, et qui forment un véritable corps de doctrine.

« Ces règles gouvernent les conflits positifs et
les conflits dits négatifs.

« Exposons d'abord :

« 1° Ce qu'on entend par conflit positif ;

« 2° Dans quel but il a été institué ;

« 3° Par qui il peut être élevé ;

« 4° Dans quel cas ;

« 5° Dans quelles limites ;

« 6° Dans quelle forme , et par quelle autorité il
doit être instruit et vidé ;

« 7° Avec quelle restriction le Conseil d'État
procède au réglement de juges ;

« 8° Ce que doivent observer les tribunaux à
l'égard du conflit.

« I. Le conflit d'attribution est l'acte par lequel
l'administration revendique la décision d'une af-

faire qui lui appartient, et dont les tribunaux sont saisis [1].

« II. Le conflit a été institué dans un but d'ordre public, pour maintenir la distinction, la séparation, et l'indépendance pleine et réciproque des matières et des fonctions administratives et judiciaires [2].

« III. Le conflit positif ne peut être élevé ni par l'autorité judiciaire [3],

Ni par le Conseil d'État,

Ni par les ministres [4],

Ni par les conseils de préfecture [5],

Ni par les intendants de la marine [6].

« Il ne peut être élevé, soit d'office, soit sur la réquisition du procureur du Roi, soit sur l'invitation des ministres, que par les préfets des départements [7], ou dans les colonies, par les gouver-

---

[1] Voy. la loi du 21 fructidor an III, art. 27. — La loi du 22 frimaire an VIII, art. 52. — Réglement du 11 nivose an VIII, art. 11. — Arrêté du 13 brumaire an x, art. 3 et 4.

[2] Voy. décret du 22 décembre 1811 ; ordonnance du 3 juillet 1822.

[3] Voy. décret du 22 décem. 1811 ; ordon. du 3 juillet 1822.

[4] Voy. ordonnances des 17 juin 1818 et 24 mars 1819.

[5] Voy. décret du 23 janvier 1814 ; ordonnances des 16 juillet 1816 et 9 août 1817.

[6] Voy. arrêté du 24 prairial an XI.

[7] Voy. arrêté réglémentaire du 13 brumaire an x, et ordon. reglém. du 12 décembre 1821.

neurs ou intendants; ou à Paris par le préfet de police dans les limites de ses attributions [1].

« IV. Il n'y a lieu à élever le conflit que si l'affaire est, de sa nature, administrative.

« La simple omission de quelque formalité ou le défaut d'autorisation préalable, en matière de procès communaux, en matière domaniale, en matière de contributions directes, en matière de mise en jugement, et autres, ne peut donner ouverture qu'à une action devant l'autorité administrative supérieure dans l'ordre hiérarchique, pour l'annulation de la procédure.

« Les préfets doivent élever le conflit sur les demandes qui, portées devant les tribunaux, tendraient, si elles étaient admises, à remettre en discussion des questions décidées par l'autorité administrative, dans les matières de sa compétence [2].

« Il y a lieu d'élever le conflit, lorsque, dans une cause portée devant les tribunaux, il s'agit d'expliquer préalablement le sens et les effets d'un acte administratif [3].

« V. Le conflit peut être élevé en tout état de cause, soit avant tout jugement et sur un simple

[1] Voy. décrets du 16 frimaire an XIV; (12 décembre 1806). —Ordonnance du 18 décembre 1822.

[2] V. décret du 5 janvier 1813; ordonnance du 18 avril 1821.

[3] Voy. ordon. des 8 août 1821, 28 août 1822, 26 mai 1824.

exploit d'assignation donné , même devant un juge de paix, soit pendant l'instruction et les débats judiciaires, soit après le jugement.

« Il y a lieu à élever le conflit, bien que le jugement ou l'arrêt aient été contradictoirement rendus et qu'ils ne soient plus susceptibles d'être attaqués par les parties, si ces jugements ou arrêts n'ont prononcé que sur la question de compétence, et s'il n'y a pas encore de jugement définitif [1].

« Il peut être également élevé sur l'acte d'appel d'un jugement qui a déclaré son incompétence.

« Les préfets ne peuvent élever le conflit contre des arrêts ou jugements qui ont acquis la force de chose irrévocablement jugée, soit par l'expiration des délais d'appel ou de cassation, soit par l'acquiescement des parties [2], sans préjudice du recours en cassation dans l'intérêt de la loi.

« Mais le conflit peut être élevé contre les jugements des tribunaux de paix et de première instance, rendus en dernier ressort, et contre les arrêts des Cours royales, pendant les délais de l'appel ou de la cassation [3].

---

[1] Voy. Ordonnance du 21 août 1816. — 1er septembre 1819. — 23 avril 1823, et autres.

[2] Voy. Décret du 21 janvier 1813. — Ordonnance du 4 juin 1815. — 23 avril, 22 juillet, 9 septembre, 9 novembre 1818. — 23 juin 1819. — 16 janvier, 20 février 1822. — 20 février, 23 avril 1823. — 20 juin 1824.

[3] Voy. Loi du 27 ventose, art. 88. — Arrêté du 10 fructidor an XIV, et une foule de décrets et ordonnances.

VI. Les préfets ne peuvent élever le conflit contre des jugements qui n'ont fait que prononcer sur le possessoire, sans préjuger ni la compétence ni le fond [1].

« Ils ne peuvent élever le conflit négatif, parce qu'il résulte de la déclaration d'incompétence respectivement faite par l'autorité administrative et par l'autorité judiciaire.

« Ils ne peuvent élever le conflit positif lorsqu'il existe déjà un conflit négatif, parce que c'est au Roi seul qu'il est réservé de faire les réglements de juges.

« Ils ne peuvent l'élever non plus, lorsque les tribunaux se sont déclarés incompétents, ou lorsque les conseils de préfecture ont refusé de statuer sur des questions qui étaient de leur ressort ; ni lorsque les tribunaux se sont trompés dans les motifs de leur jugement, si le dispositif, tel qu'il est écrit, n'excède pas leur compétence ;

« Ni revendiquer ce qui est de nature judiciaire dans l'assignation, ou le jugement, s'il y a divisibilité de ce qui est administratif ;

« Ni juger, ni préjuger, soit par l'arrêté de revendication, soit par un arrêté connexe ou ultérieur, le fond de la question, lors même qu'elle

[1] Voy. Décret des 11 janvier, 24 mai, 12 décembre 1806. — 31 juillet, 1er novembre 1822. — 24 mars 1824. — 22 juin 1825. — 26 juillet 1826.

tomberait dans leurs attributions, avant que le Conseil d'État ait prononcé sur le conflit [1];

« Ni attribuer l'affaire dans le dispositif de leurs arrêtés, à telle ou telle autorité administrative, comme aux préfets, ou au conseil de préfecture, ou au Conseil d'État, ni suspendre de leur propre autorité et par injonction l'exécution des jugements [2];

« Ni arrêter, en aucune manière, l'action des tribunaux, sans conflit [3];

« Ni rapporter leurs arrêtés de conflit ou ceux de leurs prédécesseurs, lorsqu'ils ont été notifiés aux Cours et tribunaux [4];

« Ni élever des conflits tardifs, ou prématurés, ou sans objet [5];

« Ni ordonner l'exécution provisoire des jugements des tribunaux [6].

« Si les préfets refusent d'élever le conflit sur la demande des parties, le recours est ouvert

[1] Voy. décret des 7 août 1813, — 23 avril 1807, — 29 mars 1812.

[2] Voy. décret des 3 ventose an XIII. — Ordonnance du 4 août 1819.

[3] Voy. décret du 6 janvier, 22 mars, 15 mai 1813. — Ord. du 29 nov. 1818. — 3 janvier 1822.

[4] Voy. ord. du 7 avril 1824.

[5] Voy. décret du 20 janvier 1809. — Ord. du 13 mars 1822 ; 13 novembre 1822.

[6] Voy. ord. du 23 février 1820.

à celles - ci, contre leur arrêté, devant le ministre de l'intérieur, et ensuite, s'il y a lieu, au Conseil d'État [1].

« VII. De ce que le conflit a pour objet de maintenir la division des pouvoirs établis par la Charte, et de réprimer dans l'intérêt du trône toute invasion des autorités secondaires, il suit :

« Que c'est au Roi seul, en Conseil d'État, qu'appartient le réglement des conflits d'attribution [2].

« De ce que les conflits sont des actes de haute administration qui, de leur nature, par leurs effets, et dans l'ordre constitutionnel, ne peuvent être assimilés à des arrêts, on en a tiré la conséquence :

« 1° Que ces sortes d'affaires ne peuvent être introduites devant le comité du contentieux, par requête, ni par citation, mais seulement sur le rapport du ministre de la justice, sauf aux parties à fournir, sur la communication qui leur est donnée de l'existence du conflit, de simples observations signées d'elles ou d'un avocat aux conseils [3] ;

« 2° Qu'il n'y a pas lieu d'admettre dans leur instruction le débat contradictoire des parties ;

« 3° Ni de recevoir leur opposition, ou leur

[1] Voy. ordon. du 6 décemb. 1820.
[2] Voy. arrêté réglémentaire du 13 brum. an x.
[3] Voy. ordon. du 16 avril 1823. — 15 juin 1825.

demande en révision contre les arrêts du Conseil, intervenus sur les conflits, après l'accomplissement des formalités prescrites par l'ordonnance réglémentaire du 12 décembre 1821;

« 4° Ni de prononcer aucune condamnation de dépens [1].

« VIII. De même que les préfets ne peuvent élever le conflit, dans tous les temps et sur toutes les matières, de même le Conseil d'État ne peut, à l'aide et sous le prétexte du conflit, qui ne serait alors que l'*évocation* sous un autre nom, bouleverser et franchir l'ordre constitutionnel des juridictions.

« Ainsi, 1° il ne peut, s'il n'y a pas eu de conflit élevé par le préfet, annuler, ou modifier un jugement ou arrêt, quel que soit son caractère et le juge qui l'a rendu, ni suspendre son exécution [2].

« C'est devant l'autorité supérieure, dans la hiérarchie soit administrative, soit judiciaire, que les exceptions d'incompétence doivent être proposées.

« 2° Le Conseil d'État ne confirme les conflits qu'en ce qu'ils revendiquent ce qui est administratif dans la cause, et il n'annule les jugements

---

[1] Voy. Ord. régl. du 12 décembre 1821, art. 7.
[2] Voy. Ord. du 10 septembre 1817.

et arrêts qu'en ce qu'ils ont excédé leur compétence [1].

« 3° Il ne peut, en réglant le conflit, indiquer aux parties les autorités administratives ou judiciaires qu'elles doivent saisir, de peur de leur faire faire une fausse route devant une autorité qui ne serait pas liée par ce renvoi [2].

« Mais s'il s'agit de l'interprétation d'un décret ou ordonnance, ou de tout autre acte souverain, il peut enjoindre aux parties de plaider sur le fond devant lui, après avoir réglé la compétence.

« 4° Le Conseil d'État s'abstient de régler le fond en réglant le conflit et après sa confirmation.

« 5° Lorsque le Conseil d'État approuve un conflit, il n'a pour objet que de saisir l'autorité administrative, attendu l'existence d'un acte ou d'un fait administratif.

« Mais le maintien du conflit ne fait pas obstacle à ce que ladite autorité se dessaisisse ultérieurement de la connaissance du litige, si, pour le décider, elle devait sortir des bornes de ses attributions [3].

[1] Voy. Décret du 17 janvier 1814. — Ordonnances des 29 janvier, 29 octobre 1823, — 22 janvier 1824, et autres.

[2] Voy. Ordon. des 19 mars 1817, — 6 décembre 1820, — 7 juillet 1822.

[3] Voy. Ordon. des 3 juin 1820 et 22 janvier 1824.

« En résumé, le Conseil d'État règle de juges en quatre cas, savoir : s'il y a 1° conflit positif; 2° conflit négatif; 3° exception d'incompétence proposée par les parties; 4° déclaration spontanée et d'office d'incompétence par les tribunaux.

« **IX.** Les lois et réglements ont aussi imposé des devoirs aux tribunaux à l'occasion de l'exercice du conflit.

« 1° Les juges ne peuvent passer outre, après la notification régulière du conflit, sans se rendre coupables de forfaiture et sans s'exposer à voir tous leurs actes postérieurs à la notification, soit jugements, soit exécutoires, annulés par le Roi en son Conseil d'État, même avant le réglement du conflit, et sans qu'il soit besoin que le préfet prenne, à raison de ces nouveaux actes, un nouvel arrêté de revendication [1].

« 2° Les tribunaux ne peuvent ni élever le conflit, ni ordonner sur référé l'exécution de leurs précédents jugements déjà frappés des interdictions du conflit, ni s'abstenir de déclarer d'office leur incompétence, lorsqu'elle est à raison de la matière.

« 3° Les tribunaux ne peuvent pas citer per-

---

[1] Voy. Code pénal, art. 128. — Arrêté du 30 frim. an XI. — Décret des 15 octob. 1809,—7 août 1810.—Ordon. des 20 avr. et 1er mai 1822. — 2 août 1823. — 22 janvier 1824.

sonnellement devant eux des administrateurs à raison de leurs fonctions [1];

« 4° Les tribunaux ne doivent déclarer leur incompétence que lorsque l'affaire est administrative de sa nature et dans son intégrité;

« Mais si, à l'occasion d'un débat judiciaire, il y a lieu de demander l'explication préalable d'un acte administratif ou d'un fait de gestion, les tribunaux doivent surseoir simplement et renvoyer les parties, pour obtenir cette explication, devant les autorités administratives, en s'abstenant de saisir ou d'indiquer spécialement telle ou telle de ces autorités.

« 5° Les tribunaux ne peuvent ni retenir la connaissance d'une affaire sur laquelle aurait été pris un arrêté administratif, même d'exécution [2];

« Ni statuer sur l'interprétation d'un décret ou d'une ordonnance dont le caractère et les effets sont contestés;

« Ni arrêter les effets d'une décision ministérielle;

« Ni ordonner qu'il sera sursis à l'exécution des arrêtés émanés de l'autorité administrative;

« Ni retenir des demandes qu'ils savent être

[1] Voy. loi du 16 fructidor an III, et autres.
[2] Voy. loi du 24 fruct., et une foule d'arrêts et ordonnances.

antérieurement portées devant le Conseil d'État[1];

« Ni donner suite, pour quelque objet que ce soit, à des jugements anéantis sans restriction par le Conseil d'État[2];

« Ni prescrire des mesures relatives à l'exercice d'un droit, qu'ils doivent se borner à reconnaître et à déclarer, lorsque cet exercice ne peut être réglé et fixé que par l'autorité administrative[3].

« Pareillement ils doivent surseoir si la solution du litige peut dépendre de la décision préalable des corps administratifs.

« Ainsi ils ne doivent pas juger en matière civile, par exemple, les questions de prescription d'un bien national, avant que l'interprétation administrative de la vente n'ait été donnée par le conseil de préfecture, et ensuite, s'il y a lieu, par le Conseil d'État;

« Ni en matière correctionnelle, par exemple, lorsque l'existence du délit est subordonnée à la déclaration préalable de l'autorité administrative sur le sens et l'exécution de ses arrêtés.

« 6° Il ne faut pas non plus qu'ils s'abstiennent de juger, lorsque l'autorité administrative a consommé son mandat.

« Ainsi ils ne doivent point renvoyer les parties

---

[1] Voy. Arrêté du 23 pluviose an XI.
[2] Voy. Ordon. du 26 octobre 1825.
[3] Voy. Arrêté du 2 août 1823.

devant le conseil de préfecture, lorsque celui-ci, en donnant à une commune l'autorisation de plaider, a en même temps déclaré que la solution de la difficulté ne pouvait pas sortir des termes de l'acte de vente [1].

« Lorsqu'un tribunal s'est déclaré incompétent, et que l'autorité administrative, sur son renvoi, a épuisé ses pouvoirs, soit en expliquant l'acte administratif, soit en déclarant qu'il était dans l'impuissance de l'expliquer, le tribunal ressaisi ne doit pas s'abstenir de prononcer sous le prétexte qu'il ne peut revenir sur sa première déclaration; car les choses ont changé [2].

« Enfin les procureurs du Roi ont aussi, comme les juges, des devoirs à remplir. Ainsi ils doivent dénoncer aux préfets les arrêts et jugements rendus par les tribunaux, nonobstant le déclinatoire qu'ils auraient proposé, pour que les préfets aient à se pourvoir en cassation, ou à élever, s'il y a lieu, le conflit en temps utile.

« X. Exposons maintenant ce qu'on entend par conflit négatif, et ce qui le constitue [3].

« Le conflit négatif résulte de la déclaration respective faite par l'autorité administrative et par

[1] Voy. Ordon. du 14 août 1822, et autres.
[2] Voy. Ordon. des 9 avril 1817, — 3 décembre 1823.
[3] Voy. Arrêts de la Cour de cassation des 8 vent., 5 germ., 25 floréal an XII et, une foule de décrets et ordonnances.

l'autorité judiciaire, que la même affaire n'est pas de leur compétence.

« Il ne suffit pas que deux autorités, l'une administrative et l'autre judiciaire, se soient respectivement abstenues de prononcer sur une contestation, pour que le conflit négatif soit effectué, et pour qu'il y ait lieu de procéder devant le Conseil d'État à un réglement de juges.

« Les parties ont plusieurs voies à suivre. Si un tribunal se déclare incompétent, les parties, au lieu d'aller devant l'administration, peuvent demander à l'autorité judiciaire, dans l'ordre hiérarchique, l'annulation de son jugement.

« Pareillement, si elles vont sur le renvoi des tribunaux devant le préfet, et que celui-ci se déclare à tort incompétent, elles peuvent, à leur choix, ou recourir au Conseil d'État, pour se voir régler de juges, ou se retirer devant le ministre que la matière concerne, pour lui demander la réformation de l'acte de son subordonné.

« Elles peuvent même, après cette double déclaration d'incompétence, attaquer devant des juges supérieurs la sentence des juges inférieurs.

« Il faut de plus que la question sur laquelle les tribunaux et l'administration ont respectivement prononcé soit bien la même ;

« Car il n'y aurait pas de conflit négatif si les tribunaux renvoyaient devant l'autorité administrative d'autres questions que celles qui leur auraient été remises par ladite autorité [1].

« La déclaration respective d'incompétence d'un tribunal et d'un préfet ne constitue pas non plus un conflit négatif, si la partie ne devait s'adresser que, soit au conseil de préfecture, soit au ministre, soit au Conseil d'État [2].

« Il en est de même si les tribunaux ne se sont dessaisis que conditionnellement et avec réserves, et si les conseils de préfecture, préfets, ministres ou Conseil d'État, ont, sur le renvoi, décidé que les actes administratifs gardaient le silence sur la difficulté proposée [4];

« Ou s'ils ont donné une déclaration préalable sur le sens, le caractère et les effets d'un acte administratif [1]:

« Mais le conflit négatif s'établit si les tribunaux persistent, après cette déclaration, à se dire incompétents [5].

« Enfin lorsque les tribunaux ont prononcé sur

---

[1] Voy. ordon. du 14 novem. 1821.

[2] Voy. ordon. des 10 juil. 1822,—24 mars 1824,—3 *id.* 1825, 13 juil. 1825, 26 *id.* 1826.

[3] Voy. ordon. du 17 juil. 1822.

[4] Voy. ordon. du 3 décem. 1823.

[5] Voy. ordon. des 13 juin 1820, —18 juil., 18 décem. 1821, —26 fév. 1823.

une question, leur incompétence absolue, et que le Conseil d'État a été saisi de cette question, soit directement par les parties, soit sur leur recours contre un arrêté du préfet, conseil de préfecture ou ministre, il effectue le conflit négatif, en déclarant l'incompétence de l'autorité administrative, et il règle en même temps le conflit, en annulant le jugement des tribunaux.

« Telles sont les règles de la jurisprudence du Conseil d'État, qui se sont élevées à des généralités par l'uniformité éprouvée de leur application. Je les ai mises sous vos yeux, soit afin de mieux étudier le terrain sur lequel nous marchons, soit parce que plusieurs de ces règles développées pourraient servir de base aux instructions que j'aurai l'honneur de vous proposer en achevant mon Rapport.

« Je pourrais, pour compléter le tableau, dire aussi les matières sur lesquelles le conflit s'exerce ou peut s'exercer; mais je vous fatiguerais, messieurs, à nombrer toutes les attributions, sans cesse grossies dans leur cours, de cette autorité administrative qui, d'abord faible ruisseau, aujourd'hui fleuve immense, a besoin d'être contenue dans ses digues naturelles.

« Il me suffira de dire que la juridiction administrative a, en France, une étendue, une diversité et une quantité d'attributions, telles qu'on ne les retrouve pas dans les temps antérieurs à la révolution, telles qu'on ne rencontre rien de semblable dans les autres pays de l'Europe, telles enfin qu'elles se mêlent à presque tous nos intérêts, qu'elles affectent presque toutes nos propriétés, et qu'elles touchent à presque toutes nos personnes.

« Toute cette prodigieuse variété d'attributions vivent, se développent et se reproduisent continuellement sous la protection des conflits, dont je vais, en terminant cette portion de mon travail, vous présenter, messieurs, la briève, mais curieuse énumération, par grandes périodes et par grandes divisions, depuis le commencement de la révolution jusqu'au 1er janvier 1828.

« Le nombre des conflits élevés sous le régime du Directoire (ce qui comprend la période des années iv, v, vi et vii de l'ère républicaine) se monte à cent quatre-vingt-seize, dont trente-trois ont été annulés en entier, cinq en partie, et cent cinquante-huit confirmés.

« Le nombre des conflits élevés sous le consulat et l'empire, et sous le gouvernement du Roi, jusqu'au 1er janvier 1828, se monte à plus de mille quatre cents.

« Je les ai fait recueillir et distribuer sous les divisions suivantes :

« 1° Conflits élevés sur assignations, cent soixante-dix-sept, dont cent sept maintenus, soixante-deux annulés, huit maintenus en partie ;

« 2° Conflits élevés sur des jugements de juges de paix, deux cent trente-sept, dont cent soixante-sept maintenus, soixante-quatre annulés, six maintenus en partie;

« 3° Conflits élevés sur des jugements de première instance en matière civile, sept cent quarante-trois, dont quatre cent quatre-vingt-six maintenus, deux cent quarante-trois annulés, quatorze maintenus en partie;

« 4° Conflits élevés en matière criminelle et de police correctionnelle, dix-huit, dont onze maintenus, sept annulés;

« 5° Conflits élevés sur des jugements de tribunaux de commerce, soixante-cinq, dont trente-neuf maintenus, vingt-quatre annulés, deux maintenus en partie;

« 6° Conflits sur arrêts d'appel ou Cours royales, cent cinquante, dont quatre-vingt-quatorze maintenus, cinquante-un annulés, cinq maintenus en partie;

« 7° Conflits sur arrêts de la Cour de cassation, six, dont cinq maintenus, un annulé [1].

« Si l'on prend le terme moyen des affaires contentieuses, expédiées par le Conseil d'État depuis vingt années, et qui est à peu près de trois cents, on trouvera que près de cinq années auraient été exclusivement consumées à l'instruction et au jugement des seuls conflits. On peut

---

[1] On peut voir à la suite de la première partie de cet ouvrage le *Tableau méthodique des conflits.*

tirer de ce résultat et du tableau approximatif que je mets sous vos yeux une multitude de conséquences ; mais il serait trop long de les développer.

« Nous venons d'exposer les choses telles que les lois et réglements, la jurisprudence du Conseil d'État et les révolutions de temps et de systèmes, les ont faites, et telles qu'elles existent.

« Il faut maintenant entrer dans la question.

« Nous ne pouvons, messieurs, nous le dissimuler, le soulèvement de l'opinion contre les conflits est général. Sondons un peu les causes de cette irritation des esprits ; car il en existe plusieurs.

« De toutes ces causes, la première, la plus intelligible et la plus saillante, provient de l'incomplète organisation de nos juridictions administratives.

« En effet, le conflit n'est-il pas un acte par lequel le gouvernement enlève aux tribunaux une affaire dont ils sont saisis, pour la juger lui-même en définitif ?

« Or, si les conseils de préfecture, si le Conseil d'État, sont de véritables juges ; si les affaires contentieuses portées devant eux constituent de véritables procès ; si les décisions qu'ils rendent ont les formes, l'autorité et les effets de véritables jugements, comment ces deux corps n'offrent-ils, ni en première instance, ni en appel, aucune des garanties des tribunaux ordinaires? Si ces conseillers ne sont que des commissaires, la Charte ne les reconnaît point; s'ils sont des juges, qu'ils en aient le caractère et l'indépendance. Il est si vrai de dire que cette objection est la première et la plus grave, qu'elle demeurerait dans toute sa force, lors même que la Cour de cassation réglerait la compétence des deux autorités, et que dans l'avenir, le nombre des conflits se réduirait à un seul; car, par l'effet de ce seul conflit, le gouvernement deviendrait toujours, au fond, juge et partie dans sa propre cause.

« On se plaint ensuite vivement de ce que les attributions administratives, à la différence des attributions judiciaires, ne sont ni classées ni définies. Elles dérivent de lois, de réglements extérieurs ou intérieurs, de décisions ministérielles, d'arrêtés locaux, d'actes informes de toute espèce.

« Toutes ces matières incohérentes, produit de vingt systèmes différents de gouvernement politique et d'administration intérieure, tantôt promulgués, tantôt inédits, sont entassées confusément dans le réceptacle du *Bulletin des lois* et dans les archives des ministères.

« Ces lois et réglements ont-ils été rapportés expressément par des lois postérieures, ou ont-ils été frappés d'une abrogation tacite, ou sont-ils encore obligatoires? Quels sont leur nature, leur autorité, leur étendue, leurs effets ? C'est ce que, la plupart du temps, personne ne sait; et cependant il suffit que les juges, non pas même touchent, mais paraissent toucher, de près ou de loin, à l'un de ces actes, pour que le conflit soit élevé par un administrateur subalterne.

« Il y a plus : on a souvent exhumé un arrêté local, enseveli dans les cartons d'une préfecture ; on le jette à travers le cours d'un procès, et le voilà suspendu !

« Chaque ministre peut, sans entendre les parties, sans instruction préalable, sous la forme d'une simple lettre, quelquefois par délégation, en toute matière et d'office, prendre des décisions devant lesquelles les juges doivent humblement s'incliner, jusqu'à ce qu'il ait plu au Conseil d'État d'en expliquer le sens et les effets.

« La marge est tellement large, et l'abus est si facile, que l'un des chefs d'un département ministériel nous a assuré qu'il dépendait de lui de donner, à quelque affaire litigieuse que ce fût, une couleur administrative ou judiciaire, et, par conséquent, de la détacher provisoirement des mains du juge, par l'expédient du conflit.

« Et cependant, quels avantages réels le pouvoir a-t-il retirés de cette prodigieuse activité de notre fabrication administrative ?

« Ne se serait-il pas plutôt affaibli en se divisant ? N'aurait-il pas peut-être perdu en force ce qu'il a gagné en étendue? Et tous ces points du corps social que sa main presse sans nécessité, ne se-raient-ils pas devenus autant de points de résistance?

« Lorsque le pouvoir se mêle trop des intérêts privés et des affaires de détail, les citoyens qu'il fatigue sondent la nature et l'étendue de son droit, et se mêlent, par réaction, des matières du gouvernement. Aujourd'hui toute limite de juridiction non réglée est, à l'instant même, une limite contestée. Le mouvement des esprits, que la liberté de nos formes constitutionnelles entretient, déplace et transporte sans cesse d'une chose à l'autre, ne s'arrête que devant les barrières légales, parce qu'il n'y a repos que dans la loi.

« Combien aussi ne s'est-il pas rencontré de préfets qui, n'ayant parcouru aucun degré de candidature, ne possèdent l'intelligence ni des lois civiles, ni du droit administratif, et dont les revendications prématurées, ou tardives, ou sans objet, coupent imprudemment la marche de la justice, et heurtent les tribunaux par la rudesse de leurs injonctions!

« Une autre cause de mécontentement (et celle-ci est très-répandue dans le barreau et dans la magistrature) vient de ce que, malgré la chose jugée, les préfets renouvellent par le conflit des contestations complétement éteintes; ce qui affecte à la fois les justiciables dans leurs intérêts, et les magistrats dans leur autorité.

« Le Conseil d'État lui-même n'aurait-il pas excédé ses pouvoirs, en matière de conflits électoraux, lorsque, par application des maximes du droit civil, et sous le prétexte de leur liaison avec des questions accessoires de contributions, il a jugé de véritables questions de titres, de droit, de capacité, dont les tribunaux seuls devaient préalablement connaître ? Et ces interprétations administratives n'auraient-elles pas d'autant plus soulevé l'opinion, qu'elles ont presque toujours repoussé l'électeur, et qu'elles paraissaient ainsi données dans le seul intérêt du pouvoir, et en opposition avec l'esprit doux et libéral de la Charte ?

« Enfin, par une fatalité qu'on ne saurait trop déplorer dans l'intérêt du pouvoir, le gouvernement, au lieu de relever dans l'esprit et aux yeux des peuples la dignité et l'indépendance personnelle des administrateurs, s'était plu à leur ôter ce que Dieu lui-même nous laisse, le libre arbitre, en se proclamant le directeur de l'intelligence et le propriétaire de la conscience de tous ses agents révocables.

« Ces doctrines de servilité n'ont que trop tôt porté leurs fruits. L'opinion alarmée s'est retirée peu à peu de l'administration. Elle s'est jetée sous la sauvegarde de la magistrature, et il semble aujourd'hui, plus que jamais, qu'élever le conflit, c'est briser les portes des tribunaux et arracher les citoyens d'un asile.

« On s'emporte même plus loin ; car c'est toujours le propre des réactions ; on conteste au Roi le pouvoir de régler les conflits, et l'abus a fait douter du droit.

« Enfin l'on prétend que la décision des conflits administratifs appartient à la Cour de cassation, suprême régulateur des compétences.

« Ces dernières propositions, tout inadmissibles qu'elles me paraissent, n'en sont pas moins l'un des symptômes réels du mal. Ce mal existe ; il est évident que les conflits s'étendent sur un trop grand nombre de matières, qu'ils ne sont pas assez limités dans leur exercice, et qu'ils sont trop imparfaits, à la fois, et trop lents dans leur instruction ; mais le remède sera-t-il administré par une loi ou par une ordonnance ?

« Cette matière, qui touche à l'organisation de la société et à la division des pouvoirs, est essentiellement législative, et elle se rattache à l'ensemble de toutes les lois qui devront constituer le système de l'organisation administrative.

« Rien ne saurait suppléer la discussion publique dans les deux Chambres.

« Sans loi, il est impossible de disposer la matière dans un ordre complet et régulier, d'autant plus que l'on est gêné ici par des réglements qui ont acquis la force législative, et qu'une simple ordonnance ne peut ni rapporter, ni modifier.

« Une ordonnance peut être, par une autre ordonnance, révoquée, modifiée, dénaturée, inexécutée; elle n'a ni la perfection, ni la durée, ni la publicité, ni l'autorité, ni l'obligation, ni la sanction d'une loi.

« Toutefois, je ne me dissimule pas que mon opinion pourrait ne pas être embrassée par la majorité de votre commission.

« On pourrait penser qu'il est préférable de réglémenter la matière par ordonnance, pour remédier plus promptement au mal, pour satisfaire les exigences raisonnables de l'opinion, et pour jeter quelques jalons sur cette voie transitoire.

« Mais pour que le gouvernement soumette le conflit au réglement d'une ordonnance, il faut d'abord rechercher si ce réglement lui appartient.

« Or, on objecte :

« 1° Que le conflit n'est que l'évocation, et que l'évocation est abolie par la Charte ;

« 2° Que le conflit n'est qu'un réglement de compétence, et qu'il n'appartient qu'à la Cour de cassation de régler les compétences ;

« 3° Que la Charte ne réserve pas au Roi la décision des conflits.

« On répondra sur la première objection :

« 1° Que les évocations avaient pour but d'attirer dans le conseil du prince des matières pures civiles, et des matières pures criminelles ; tandis que le conflit n'a pour objet que de revendiquer des matières pures administratives ; que les évocations portaient le trouble dans les juridictions, et que le conflit a pour but d'y ramener l'ordre.

« Sur la seconde objection :

« Que les conflits de *juridiction* laissés à la Cour de cassation, et les conflits d'*attribution* réservés au Roi, ont un objet distinct ; qu'en effet, les conflits de *juridiction* ne sont que des réglements de compétence, entre un tribunal et un autre tribunal ; que, de leur essence, comme dans leur forme extérieure, ils ont un caractère purement judiciaire, et ne sont que des arrêts ; tandis, au contraire, que les conflits d'attribution sont des réglements de compétence entre deux autorités indépendantes l'une de l'autre, et constituent dans leur forme, comme par leur nature, des actes de haute administration et d'ordre public ; qu'ainsi, ces deux sortes de conflits ayant un objet et un but différents, il n'y a pas de motif de conclure d'un cas à l'autre ;

« Que la Cour de cassation, placée au sommet du pouvoir judiciaire, pourrait attirer insensiblement, dans le sein des tribunaux, non seulement des matières contentieuses administratives, mais encore des matières de gouvernement et de pure exécution ;

« Que les décisions de conflits sont contre-signées par des ministres, révocables comme agents, responsables comme individus, moralement tout au moins, tandis que nulle responsabilité ne saurait où se prendre sur un être collectif, revêtu de l'inamovibilité.

« En résumé, dans ce système, le gouvernement serait exposé à ne plus pouvoir marcher, c'est-à-dire à ne plus vivre ; la Cour de cassation y perdrait peut-être la haute considération dont elle jouit ; et la liberté, qui n'est que l'ordre, en définitif, n'y gagnerait rien.

« A qui donc, et c'est ici le lieu de réfuter la troisième objection, à qui donc pourrait appartenir le droit de régler les conflits, si ce n'est au Roi ? S'il agit comme souverain, c'est que, dans notre monarchie, il est la source unique et primordiale de tout droit ; s'il agit comme administrateur, c'est qu'il est le chef du pouvoir exécutif ; s'il agit comme juge, c'est que toute justice émane de lui. C'est le Roi, le Roi seul qui, placé au sommet de toutes les juridictions, porte, d'une main égale, la balance des deux pouvoirs. S'il ne les retenait pas dans la sphère de leur action légale, le bon ordre de la société, sur laquelle il doit veiller, serait troublé. C'est ainsi que, sous un point de vue plus élevé, l'exercice royal du conflit n'est un droit pour le monarque, que parce qu'il est un devoir.

« Aussi voyons-nous que l'Assemblée constituante, qui ôta au Roi tant d'attributions, lui laissa le réglement de ces grandes compétences.

« La Convention elle-même ne s'en empara que parce qu'elle maniait la dictature.

« La constitution de l'an III les remit au Directoire, dès que la législature se sépara de la puissance exécutive.

« Bonaparte, à son tour, consul, puis empereur, régla les conflits, non par usurpation, mais par nécessité; non comme souverain, puisque les constitutions de l'État impliquaient alors la souveraineté du peuple, mais comme chef du pouvoir exécutif, parce que ces constitutions le lui donnaient.

« Que doit-ce donc être aujourd'hui du Roi qui, d'après la Charte, réunit les quatre attributs essentiels de l'empire, puisqu'il est à la fois le principe de la souveraineté, le promoteur de la loi, la source de toute justice, et le chef du gouvernement?

« Ce nous est donc une vérité démontrée que, dans l'état de choses actuel, toute autorité administrative ou judiciaire, surtout si elle est inamovible, qui aurait en main les mises en jugement et les conflits, exercerait de fait la royauté. Or il ne peut y avoir et il n'y a en France, de fait et de droit, d'autre Roi que le Roi.

« Ajouterons-nous, que depuis la révolution, les constitutions successives de la France, la nature

des choses et l'usage, ont attaché la modération
des autorités administrative et judiciaire à la puissance exécutrice? qu'enfin le Roi exerce cette faculté dans son Conseil d'État, en vertu d'arrêtés
qui ont acquis force législative et qu'une ordonnance ne pourrait d'ailleurs rapporter?

« Nous savons que le caractère législatif du
décret du 13 brumaire an x a été attaqué. Mais
outre qu'il serait périlleux de contester le caractère de loi aux décrets généraux de l'Empire qui
ont reçu une constante application, il faut dire
que ce décret n'est pas, comme on a paru le
croire, le seul acte qui existe dans cette matière;
qu'il est d'ailleurs confirmé par les Codes eux-
mêmes, et enfin qu'il n'a rien usurpé, mais qu'il
s'est au contraire borné à suivre les principes et
les errements de la législation antécédente.

« Le rapide examen que je vais faire de cette législation, en même temps qu'il établira la légalité
de ce décret, détruira l'opinion erronée qui s'est
formée dans le public, que d'après cette législation
la Cour de cassation doit connaître des conflits d'attribution, aussi bien que des conflits de juridiction.

« En effet, les art. 2 et 9 de la loi du 1er décembre 1790 qui a institué le tribunal de cassation,
ne lui attribuaient que les conflits de juridictions
et réglements de juges. Or, on ne reconnaissait pas,
surtout alors, que l'administration pût jamais être
juge. On n'entendait donc par ce mot *juridiction*,

5.

et l'on n'a jamais entendu que les *réglements entre les juges ordinaires*. La loi du 1er décembre 1790 a été modifiée par la constitution de l'an III. Il y a dans cette constitution un titre exprès pour la Cour de cassation, et le n° 3 de l'art. 274 ne parle encore que de *réglements de juges*.

« La loi du 21 fructidor an III, développement de la constitution précédente, distingue aussi très-bien les conflits de *juridiction*, des conflits *d'attribution*; et si les derniers avaient été compris sous le nom de *réglement de juges*, il était inutile qu'elle fît dans l'art. 27 une disposition expresse, pour en remettre la décision au Directoire exécutif. Or, la Charte n'a pas aboli la puissance exécutive, au nom de laquelle le Directoire tranchait les conflits. Cette puissance est retournée aux mains du Roi, avec ses attributs naturels.

« A la vérité, la constitution de l'an VIII qui vint après, ne s'expliqua pas aussi nettement que celle de l'an III. En effet, l'art. 52 charge seulement le Conseil d'État de résoudre les difficultés qui s'élèveraient en matière administrative.

« Mais c'est qu'on ne doutait pas alors qu'une constitution qui faisait un pas de plus vers la monarchie, ne conservât au pouvoir exécutif un attribut que lui avait réservé une constitution plus républicaine.

« Aussi l'arrêté réglémentaire du 5 nivose an VIII, qui se lie étroitement à la constitution du 22 frimaire précédent, et qui est encore tout plein de son esprit, ne manqua pas de déclarer dans son art. 11, « que le Conseil d'État prononcerait, d'a- « près le renvoi des consuls, sur les conflits qui « peuvent s'élever entre l'administration et les tri- « bunaux. »

« Je dois ajouter que tous les décrets d'application ont constamment rappelé que le Conseil d'État n'exerçait cette faculté qu'en vertu de l'arrêté du 5 nivose an VIII, et de la loi du 21 fructidor an III; d'où il suit que cette loi et cet arrêté, tous deux non abrogés, s'opposent, indépendamment du décret de l'an x, à tout renvoi des conflits devant la Cour de cassation.

« Pareillement, le Code de procédure civile, article 363, § 4, n'attribue à la Cour de cassation que le réglement entre des tribunaux qui ne ressortissent pas à la même Cour. Le § 5 du même article ne parle, non plus, que des conflits existants entre une ou plusieurs Cours. Or, ces sortes de conflits sont purement judiciaires.

« Nous n'oublierons pas que les conflits administratifs d'attribution étaient alors réglés, comme nous l'avons dit, par l'article 52 de la loi du 22 frimaire an VIII, et par les arrêtés du 5 nivose an VIII et 13 brumaire an x, qui ont développé et mis à exécution les dispositions de l'article 52 de l'acte constitutionnel.

« De plus, en admettant que cet article 52, qui

réserve au Conseil d'État la solution des difficultés en matière administrative , ne s'explique pas assez clairement ; en admettant que les réglements du 5 nivose an VIII, article 11, et 13 brumaire an x, articles 3 et 4, n'aient point, par eux-mêmes, une vertu législative suffisante, ils l'auraient reçue des articles 127 et 128 du Code pénal.

« En effet , l'article 127 punit les juges qui, s'immisçant dans les matières attribuées aux autorités administratives, auraient persisté dans l'exécution de leurs jugements ou ordonnances, nonobstant l'annulation qui en aurait été prononcée, ou le conflit qui leur aurait été notifié.

« Or , il est certain qu'il n'est et ne peut être ici question que du conflit *administratif;* que la notification est celle dont parle l'arrêté du 13 brumaire an x, et qui est faite par l'autorité administrative ; enfin, que c'est par cette autorité, évidemment, que l'annulation du jugement a pu, sur conflit, être prononcée : d'où il suit, 1° que le Code pénal exclut la Cour de cassation du réglement des conflits administratifs ; et 2° qu'il communique au besoin la force législative à l'arrêté du 13 brumaire an x, dont il rappelle les termes et recommande l'observation.

« L'article 128 est encore plus explicite ; car il punit les juges qui, « sur la revendication formel-
« lement faite par l'autorité administrative d'une
« affaire portée devant eux, auraient néanmoins

« procédé au jugement, avant la décision de l'au-
« torité supérieure. »

« Cet article, comme on le voit, attribue à la
fois à l'autorité administrative : 1° le droit d'élever
le conflit ; 2° le droit de juger l'affaire revendi-
quée.

« En présence de ces textes, il est impossible :
1° de ne pas reconnaître l'existence légale et l'autorité obligatoire du réglement du 13 brumaire
an x ;

« 2° De transporter à la Cour de cassation le jugement des conflits d'attribution, si ce n'est par
une loi.

« Mais si ce droit ne peut être ôté au gouvernement, ne faut-il pas du moins en corriger l'abus ?

« 1° Par qui donc le conflit doit-il être élevé ?

« 2° Comment et dans quel délai doit-il être instruit et jugé ?

« 3° Quelles matières pourraient être soustraites
à son action ?

« 4° Peut-il être élevé sur tous jugements et en
tout état de cause ?

« Il faut parcourir ces quatre divisions.

« 1° On a proposé qu'il ne fût permis aux
préfets d'élever le conflit que provisoirement, et
d'en référer au ministre compétent qui consul-
terait, par exemple, l'un des comités du Conseil
d'État.

« Mais ce mode retarderait singulièrement les

conflits dont la prompte expédition est si désirable. En second lieu, le même comité serait appelé de nouveau à délibérer en assemblée générale sur la même affaire ; ce qui fait tout au moins un double emploi, car l'affaire n'aurait pas changé de face. Les autres comités du Conseil n'auraient pas non plus assez de liberté d'examen.

« Ensuite le conflit provisoire serait-il suspensif de toute procédure ? S'il ne l'était pas, l'intérêt des parties ou de l'État pourrait périr dans les empressements d'une exécution irréparable. Les tribunaux d'ailleurs ne sont tenus par aucune loi, ni par aucun réglement, de reconnaître un conflit provisoire, et, par conséquent, de s'arrêter devant lui. S'il était suspensif, à quoi bon la notification du conflit définitif ? Ne serait-ce pas frapper deux coups sur le même jugement ?

« 2° On a aussi proposé d'écarter l'intervention des préfets, personnages peu diserts dans les matières de droit, et peu agréables à la magistrature.

« Dans ce système, les procureurs généraux qui sont aussi les agents immédiats du gouvernement, élèveraient le conflit.

« On peut objecter que les procureurs du Roi, bien qu'ils soient amovibles et agents du gouvernement, ne sont pas, à proprement parler, des administrateurs, mais des magistrats ; qu'ils ne sont pas astreints comme les préfets, purs agents d'exé-

cution, à une obéissance passive ; qu'ils ont plus
de libre arbitre ; que leur intervention pourrait devenir, par sa fréquence, incommode à la magistrature, ou par sa rareté, inefficace pour l'administration ; qu'il n'existerait aucun recours contre
leur refus d'élever le conflit, comme il en existe
contre le refus des préfets ; que si le conflit est un
moyen réservé à l'administration, pour la défense
de ses attributions, il faut qu'il soit exercé par un
agent spécial de l'administration ; que si les préfets ignorent trop les règles du droit civil, les procureurs du Roi ignorent trop aussi les nécessités et
les attributions de l'autorité administrative ; que
d'ailleurs l'arrêté du 13 brumaire an x n'accorde
aux procureurs du Roi que la faculté de faire insérer leur réquisitoire dans le jugement, mais non
d'empêcher qu'il soit rendu, et même rendu contre leurs conclusions ; que le *veto* suspensif n'a été
réservé qu'au préfet seul, et que pour le transporter aux procureurs du Roi, il faudrait une disposition législative ; car une simple ordonnance ne
suffirait pas pour que les tribunaux s'arrêtassent
devant une injonction qui suspendrait le cours de
la justice, pouvoir si élevé que la loi du 21 fructidor
an iii l'avait placé jusque dans le corps législatif
lui-même.

« Mais sans porter atteinte à l'arrêté du 13 brumaire an x, et sans excéder les facultés d'une simple ordonnance, ne pourrait-on pas exiger que les

préfets n'élevassent le conflit que par arrêté pris en conseil de préfecture ?

« Alors ce réglement de compétence, quoique fait en apparence par un seul, le serait dans la réalité par plusieurs, à l'instar des tribunaux.

« L'administration serait exposée à moins de surprises, soit des parties, soit des bureaux.

« Il y aurait plus de lumières réunies, plus de maturité d'examen, un débat sur la compétence, des motifs mieux ordonnés, une forme d'arrêté plus régulière.

« On a proposé d'y adjoindre deux avocats ; mais cette adjonction retarderait, en cas d'urgence, l'élévation du conflit. Il serait plus rationnel d'exiger que tout conseiller de préfecture eût fait son droit, ce qu'on exige bien des auditeurs au Conseil d'État. Nous pensons qu'avant que peu de temps ne s'écoulât, cette condition indispensable pourrait à l'avenir être facilement remplie.

« Car si dans ce pays-ci, par une négligence que je ne craindrais pas de qualifier d'immorale et d'irréligieuse, l'instruction élémentaire manque presque partout au peuple, la haute instruction ne manque nulle part, et le gouvernement, quelles que fussent les conditions d'aptitude, n'aurait bientôt, pour le choix des candidats, d'autre embarras que celui du nombre.

« J'arrive à la qualification des matières qui,

sans entraver la marche de l'administration, pourraient être exclues des atteintes du conflit.

« D'après le réglement du 13 brumaire an x, le préfet ne peut élever le conflit que lorsque les tribunaux sont saisis d'une affaire qui, par sa nature, est de la compétence de l'administration.

« Voilà notre point de départ :

« Ainsi les préfets ne pourraient jamais élever le conflit en matière criminelle.

« A la vérité, l'ancienne jurisprudence du Conseil d'État interdisait aux juges, à peine de conflit, de procéder sans l'autorisation préalable de ce Conseil, au jugement des agents du gouvernement, prévenus de crimes ou délits, commis dans l'exercice de leurs fonctions.

« C'était détourner le conflit de son but. En effet, le conflit ne peut se saisir que d'une affaire qui, de sa nature, est administrative. Il ne peut revendiquer pour l'administration que ce que l'administration peut juger, et l'administration ne peut juger des crimes.

« Il ne faut pas confondre les choses et les personnes.

« Le conflit est une garantie réelle.

« L'autorisation est une garantie personnelle.

« Le fonctionnaire trouve cette dernière garantie dans l'application de l'art. 75 de la loi du 22 frimaire an VIII, et dans les dispositions de l'art. 129

du Code pénal. Elle lui suffit. Il l'invoquera toujours. L'intérêt de la défense, le devoir du juge,
l'éclat du procès, les avertissements des supérieurs
administratifs, les réquisitions du ministère public,
l'inévitable nullité des procédures, et par-dessus
tout, l'expérience des faits, nous en répondent:

« Dans tous les cas, le défaut d'autorisation
préalable en matière criminelle, comme en matière de contributions directes, de domaines et
de communes, ne saurait constituer qu'une exception, qui, proposée devant le juge supérieur,
peut bien entraîner l'annulation des procédures,
mais ne peut jamais servir de fondement au conflit.

« Il n'en serait pas de même en matière correctionnelle, si le délit ou la contravention ne pouvait être constaté que par une instruction, et puni
que par des peines, dont des lois d'exception auraient réservé l'application à l'autorité administrative ; ou si l'existence du délit était subordonnée
à la déclaration préalable de cette autorité, sur le
sens et les effets de ses arrêtés.

« Dans le premier cas, le conflit protége l'exercice d'une attribution spéciale, donnée à l'administration, sur la chose et la personne.

« Dans le second cas, il ne protége que l'exécution de l'acte, et il ne dérobe point l'agent aux
tribunaux.

« Il est nécessaire aussi de déclarer que le préfet ne peut élever le conflit sur les sentences rendues au simple possessoire, parce que ces sentences ne préjugent ni la compétence ni le fond.

« Nous arrivons à une matière qui dans ces derniers temps a beaucoup agité l'opinion, celle des conflits d'élection.

« Le conflit ne me paraîtrait devoir être élevé dans cette matière, et s'il l'a été, confirmé, que si les tribunaux sont saisis d'une contestation relative à la nature, à la quotité et à l'assiette de la contribution ou au domicile politique.

« Expliquons-nous :

« Les tribunaux peuvent, dans cette matière, excéder à la fois leurs pouvoirs et leur compétence.

« Ils excèdent leurs pouvoirs lorsqu'ils annulent les arrêtés de préfet, pris en conseil de préfecture, parce que ces arrêtés ne peuvent être, dans l'ordre des attributions légales, réformés, s'il y a lieu, que par le Conseil d'État.

« Ils excèdent leurs pouvoirs, lorsqu'ils ordonnent l'inscription d'un citoyen sur la liste électorale, parce que cette inscription est un acte purement administratif.

« Enfin ils excèdent leur compétence, lorsqu'ils jugent la régularité des extraits de rôle produits, ou lorsqu'ils statuent sur l'applicabilité matérielle de telle ou telle contribution dans la composition du cens électoral.

« Mais si la contribution n'est matériellement contestée par l'administration ni dans sa nature, ni dans son assiette, ni dans sa quotité, et s'il s'agit seulement de savoir si les contributions doivent profiter à l'emphytéote, à l'usufruitier et non au nu-propriétaire; au propriétaire d'un fonds congéable, et non au tenancier; aux acquéreurs sous réserve de réméré, et non aux vendeurs; aux débiteurs, pour les biens engagés par antichrèse, et non aux créanciers engagistes; au locataire, pour les portes et fenêtres du logement qu'il loue non meublé, et non pas au propriétaire; dans quel cas le mari doit profiter des contributions payées par sa femme : le père, de celles que supportent ses enfants mineurs et émancipés; dans quelle circonstance les veuves peuvent céder leurs contributions à leurs fils, petits-fils, ou gendres; enfin quelles personnes peuvent être assimilées aux possesseurs à titre successif :

« Toutes ces questions, et autres de même nature, ne pouvant être, en cas de contestation, résolues que par les textes du Code civil ou l'interprétation d'actes et de titres privés, c'est aux tribunaux seuls qu'il appartient d'y statuer.

« On se renfermerait d'ailleurs, en agissant ainsi, dans le texte de la loi du 5 février 1817, qui ne renvoie à l'administration que les questions de contributions.

« On se conformerait aussi à la jurisprudence

du Conseil d'État, en matière de contributions directes ; car il renvoie les parties devant les tribunaux, lorsque la question de contribution est subordonnée à des questions d'hérédité et de possession, et autres de cette espèce.

« Or, comment se ferait-il que le Conseil d'État s'abstînt de juger de pareilles questions par la voie contentieuse, et sur l'appel d'un arrêté de conseil de préfecture, tandis qu'il les jugerait par la voie administrative, et sur l'appel d'un arrêté de préfet?

« Rien ne nous parait expliquer, ni surtout justifier cette contradiction.

« Ces réflexions s'appliquent aux contestations sur le domicile politique.

« Il y a deux sortes de domiciles politiques : l'un électif, l'autre naturel.

« C'est à l'administration seule à statuer sur l'accomplissement des conditions qui constituent le domicile électif.

« Mais si le domicile politique dépend du domicile réel, et que la réalité de ce dernier domicile soit contestée, il faut que les tribunaux prononcent sur cette contestation, d'après les règles du droit commun.

« On s'étonne de la témérité des Cours royales qui persistent à juger des contestations où la question administrative des contributions est l'accessoire, et où la question de droit civil est le principal.

« Ne pourrait-on pas s'étonner aussi de ce que le Conseil d'État, qui, par son institution et sa composition, n'est pas un corps judiciaire, juge cependant, d'après les règles du droit commun et les maximes des jurisconsultes, des questions de propriété, d'état et de titres ?

« On objecte aussi que l'intérêt bien entendu des électeurs souffrirait des lenteurs et des frais de ces discussions préalables. Mais l'intérêt des parties ne peut intervertir l'ordre des juridictions.

« C'est d'ailleurs une grave question que celle de savoir si dans l'intention, comme d'après la lettre de la loi du 5 février 1817, les Cours royales ne doivent pas être immédiatement saisies, et juger définitivement, sur simple assignation, à bref délai, comme matière urgente, ce qui, dans cette dernière hypothèse, amènerait une décision beaucoup plus prompte que celle du Conseil d'État.

« Enfin on dit que le Conseil d'État a dû s'attacher au texte de la loi.

« On peut répondre qu'il y a deux sortes d'interprétations.

« La loi doit s'interpréter dans un sens strict, lorsqu'il s'agit de l'intérêt des tiers.

« La loi doit s'interpréter dans un sens plus large, lorsqu'il s'agit de l'exercice d'un droit qui ne blesse personne.

« Les lois politiques surtout s'accommodent mieux que les lois civiles des tempéraments d'é-

quité; et c'est peut-être ne pas entrer assez avant
dans l'esprit de notre Charte constitutionnelle, que
de serrer des nœuds d'une application rigoureuse,
les facultés déjà trop étroites de l'élection : enfin
ces sortes d'interprétations sembleraient pouvoir
être d'autant plus favorables aujourd'hui, que le
devoir de juré étant inséparablement lié au droit
d'électeur, la charge suit le bénéfice, et qu'ainsi
des éliminations trop inflexibles sont contraires à
l'intérêt de la politique, puisqu'elles diminuent le
nombre des électeurs, et à l'intérêt de la justice,
puisqu'elles diminuent le nombre des jurés.

« Après tout, cette double juridiction des tribunaux et de l'administration, en matière de domicile et de contributions, présente tant de cas mixtes
et de distinctions subtiles, et elle est hérissée de tant
de difficultés de forme, de compétence, et de fond,
qu'il conviendrait peut-être, dans l'intérêt commun
du gouvernement et des électeurs, de renvoyer
toutes ces difficultés à bref délai, et sans frais, devant les juges ordinaires.

« Il nous reste maintenant à rechercher dans
quelles limites l'exercice du conflit pourrait être
renfermé.

« Cette troisième et dernière division comprend
l'examen de trois questions principales, dont la
première est celle de savoir si le conflit peut être
élevé sur un simple exploit d'assignation : la seconde, s'il peut l'être après des jugements de pre-

mière instance, rendus en dernier ressort, et après des arrêts de Cours royales rendus contradictoirement ; et la troisième, si le conflit peut être élevé après des jugements de première instance rendus contradictoirement, lorsque l'exception d'incompétence n'a pas été préalablement proposée.

« Abordons la première question.

« On raisonne ainsi dans le sens de la négative :

« Chaque tribunal a le droit de juger de sa compétence. Il ne peut donc être dépouillé avant d'avoir affirmé cette compétence. Jusque-là il n'y a pas lieu d'élever le conflit. Si le tribunal refuse de s'expliquer, la voie de l'appel est ouverte aux parties lésées. Qu'est-ce d'ailleurs que le conflit d'attribution, sinon une lutte entre les deux autorités ? Or, cette lutte ne peut exister qu'au moment où l'autorité judiciaire a retenu l'affaire. Pourquoi d'ailleurs ne laissez-vous pas remettre dans son chemin le plaideur aveugle qui s'est fourvoyé ? et n'est-ce pas, sans nécessité, multiplier et user les conflits ?

« On répond à cela qu'il suffit que la partie soit amenée devant les tribunaux par une simple assignation, pour qu'elle ne soit pas obligée de proposer le déclinatoire, et d'attendre quelquefois, pendant une année, que le tribunal l'accueille, ou le prononce d'office. Quelle nécessité y a-t-il à perdre ainsi son temps en procédure, et son argent en frais frustratoires, devant des juges incompétents, au lieu de saisir promptement et directement le juge compétent?

« On dit qu'il faut attendre qu'un jugement ait
retenu l'affaire; car le tribunal, soit d'office, soit
sur la réquisition du procureur du Roi, soit sur le
déclinatoire de la partie, peut renvoyer la cause
devant l'administration; mais on peut dire, avec
autant de raison, que si le tribunal retient la cause,
il y aura aussi un remède à l'erreur de première
instance, dans l'appel, et un remède à l'erreur de
l'appel, dans la cassation.

« Ne voit-on point que la contestation ne
change pas de nature, parce qu'il serait intervenu
un jugement? C'est parce que l'affaire est administrative que le préfet la revendique. Or, elle est
administrative au jour de la citation, aussi bien
qu'au jour du jugement. Mais l'ordre régulier des
juridictions, de même que l'intérêt des parties,
veulent que le juge incompétent soit dépouillé aussitôt qu'il est saisi, et que l'instruction et la décision
des affaires administratives soient ramenées, le plus
vite possible, dans leurs voies naturelles et légales.

« C'est par ces motifs que le Conseil d'État, après
une mûre délibération, et sur mon rapport, a tran-
ché les doutes de la question; et sa jurisprudence,
avant comme depuis, a toujours marché dans le
même sens.

« Nous ajouterons que la citation n'est point
l'œuvre du juge, mais celui de la partie, et que les
tribunaux ne se trouvent pas offensés de ce que

l'autorité administrative annule un acte qu'ils n'ont ni provoqué, ni fait, ni jugé. S'il fallait attendre que le juge eût affirmé sa propre compétence, il pourrait arriver que le tribunal de première instance accueillît le déclinatoire ; et si, de même qu'en premier ressort, l'on ne pouvait élever le conflit sur l'exploit d'interjection d'appel, la Cour royale pourrait annuler le jugement de renvoi, et statuer définitivement, sans qu'à aucune époque du litige le conflit trouvât de place.

« Les conflits n'ont pour but que de protéger les matières administratives, et ces matières à leur tour, quelquefois aussi judiciaires, par leur essence, que toute autre matière civile, n'ont été soustraites à la juridiction des tribunaux que parce qu'on a reconnu, dans l'intérêt des services généraux, ou dans l'intérêt de la raison politique, la nécessité de les régler promptement, au premier cas, et non publiquement au second.

« Rendons ceci sensible par deux exemples : Un entrepreneur de travaux publics ramasse ou extrait, d'après les désignations de son marché, des matériaux dans les propriétés riveraines d'une grande route, et pour sa confection ou son entretien ; le réglement de l'indemnité due aux riverains appartient, selon la loi du 28 pluviose an VIII, au conseil de préfecture. Cependant l'entrepreneur est assigné directement devant les tribunaux, our voies de fait, et en réparations de dommages.

« S'adressera-t-il au conseil de préfecture, juge légal de cette action? Mais celui-ci se prétendra enchaîné par l'assignation judiciaire.

« Attendra-t-il que les tribunaux aient statué sur son déclinatoire? Mais, outre qu'il ne se soucie pas de constituer avoué, de plaider et de faire des frais, les ruses dilatoires de ses adversaires peuvent amener un jugement tardif sur la compétence.

« Cependant les travaux sont suspendus, les communications sont interceptées ou détériorées, les indemnités récursoires dues à l'entrepreneur grossissent; et l'administration qui, en définitif, est le public, souffre à la fois de l'interruption du service et de l'augmentation de la dépense.

« Les cas semblables sont nombreux et de toute nature.

« Que serait-ce s'il s'agissait de contestations sur l'exécution d'un traité de fournitures, et dans un moment d'urgence!

« L'intérêt politique réclame aussi une prompte revendication.

« Ainsi, dans les affaires de domaines nationaux, croit-on, par exemple, qu'il eût été prudent de laisser, il y a dix ans, les anciens et les nouveaux propriétaires se présenter, face à face, dans l'arène des tribunaux, et s'y livrer un combat à outrance, non sur la question même du procès, mais sur leurs opinions politiques, ranimer de vieilles haines, et troubler la paix du pays?

« La prudence du gouvernement, qui a la responsabilité du repos public, ne lui conseillait pas d'attendre l'éclat du mal, qu'un jugement de compétence n'aurait pu réparer, mais de le prévenir.

« De même, aujourd'hui que les querelles religieuses s'enveniment, conviendrait-il dans l'état actuel de la législation, que les évêques, assignés, pour cause d'abus, devant les Cours royales, attendissent que la Cour voulût bien accueillir leur déclinatoire?

« Qu'importe aux plaideurs, dans beaucoup de matières politiques, le fond même du procès, et le réglement définitif des compétences? C'est leurs passions qu'ils veulent satisfaire, et non leur droit.

« Enfin il ne faut pas oublier qu'un arrêté ayant autorité législative, celui du 13 brumaire an x, porte : « Que le préfet élèvera le conflit toutes « les fois qu'il sera informé qu'un tribunal est saisi « d'une affaire qui, par sa nature, est de la com- « pétence de l'administration. » Or, la citation saisit un tribunal, même incompétent. Donc, le conflit peut être élevé sur cette citation. Le Roi, d'ailleurs, pourrait-il renoncer à ce droit par une simple ordonnance? Non ; car, ainsi que nous l'avons déjà fait remarquer, le pouvoir exécutif, de même que les autres pouvoirs, ne peut restreindre non plus qu'étendre, sans loi nouvelle, les attributions qu'il tient des lois existantes.

« L'exercice du conflit, à ceux qui soutiennent la négative, paraît devoir d'autant plus commencer dès que le tribunal est saisi par la citation, que, dans leur opinion, il doit s'arrêter après l'arrêt de la Cour royale ; et c'est ainsi que l'on se trouve amené à traiter la seconde question, qui est celle de savoir si le conflit peut être élevé après des jugements rendus en dernier ressort, et des arrêts de Cours royales rendus contradictoirement.

« On dit pour l'affirmative :

« Que si, après un arrêt de Cour royale, il y a chose jugée, il n'y a pas chose jugée irrévocablement ; que le conflit ne peut s'arrêter que devant la barrière insurmontable de cette chose irrévocablement jugée, qui anéantit le litige, et qui est la loi des lois ; qu'alors seulement le conflit cesse, parce qu'alors seulement le recours en cassation cesse aussi ; mais que tant que ce recours est ouvert, le conflit qui mène au même but, mais par un chemin plus direct, doit être ouvert également ; que l'avantage propre et singulier du conflit est d'empêcher toute exécution, tandis que le pourvoi en cassation n'est pas suspensif ; qu'ainsi l'intérêt de l'État peut périr irréparablement dans les empressements d'une exécution évasive ; qu'il peut d'ailleurs arriver que les Cours royales annulent des jugements de renvoi devant l'autorité administrative, retiennent la cause, la tranchent au fond, et éludent ainsi la vigilance du préfet ; enfin que les Cours, par caprice, par esprit d'hostilité, ou par erreur, peuvent tout-à-coup détourner le litige de son objet, et lancer leur interdit sur l'administration avec d'autant plus de témérité, que l'autorité de la chose jugée abriterait leurs entreprises.

« On peut répondre que le conflit d'attribution n'est autre chose qu'un réglement de juges; que dans l'ancien Conseil du Roi on ne pouvait, aux termes de l'art. 19 du tit. 2 de l'ordonnance de 1737, se pourvoir devant le Conseil en réglement de juges, qu'autant que le jugement en dernier ressort, ou arrêt attaqué, n'avait prononcé que sur le déclinatoire; mais que la demande en réglement de juges n'était point admise lorsqu'il avait été statué sur le fond même de la contestation.

« Que cette distinction avait été religieusement observée par la Cour de cassation.

« Que l'arrêt du Conseil du 6 février 1815 ramenait la jurisprudence à l'ancien principe.

« Que ce principe était fondé sur ce que les conflits ne peuvent être élevés que sur des contestations encore existantes; qu'en effet, le mot de conflit lui-même suppose nécessairement qu'il existe un débat entre deux autorités, sur le point de savoir à qui doit appartenir le jugement de la contestation qui donne lieu à ce débat.

« Qu'il suit de là que les juridictions ne peuvent être revendiquées qu'autant que les jugements ne sont pas définitifs, et que, dans le cas où le pouvoir judiciaire est épuisé, il n'y a plus de questions subsistantes, ni, par conséquent, lieu et matière à conflit.

« Que le recours en cassation n'est qu'un remède extraordinaire, de sorte que jusqu'à ce que le jugement ait été privé d'existence, il conserve l'autorité de la chose jugée.

« Que la Cour de cassation a été, dans l'intérêt de l'ordre public, instituée pour réprimer les erreurs et les excès des premiers et des seconds juges ; qu'elle seule a caractère et pouvoir pour statuer sur la violation des formes et sur le règlement des compétences, et qu'elle ne peut être, en aucune manière, troublée dans l'exercice de cette fonction spéciale par l'autorité administrative.

« Qu'ainsi le pourvoi ne peut être exercé, soit par les parties, soit par le ministère public, contre un jugement en dernier ressort ou un arrêt de la Cour de cassation, et que si les moyens de cassation sont admis, si le jugement ou l'arrêt est annulé pour cause d'incompétence, la matière reprend alors son premier état, et peut être soumise devant les nouveaux juges à l'action du conflit ; mais que jusque-là l'autorité administrative doit s'arrêter, fût-elle dans les délais du pourvoi.

« Nous devons ajouter que l'administration a vécu cinq ans sous l'empire de l'arrêt du 6 février 1815, sans que sa puissance ait été énervée, ni les intérêts du service compromis ; qu'il importe plus qu'on ne pense, au gouvernement lui-même, de ne pas affaiblir dans l'esprit du peuple le respect qu'il porte aux arrêts des Cours souveraines, qui sont les choses visibles de la justice, dont la force fait sa force, et dont l'éclat rejaillit sur lui; que ces revendications tardives, outre qu'elles ébranlent la sainte autorité de la chose jugée, paraissent toujours, de la part du gouvernement, l'effet ou d'un calcul d'intérêt, ou d'une combinaison hostile, ou du caprice, ou de l'incurie; qu'elles indisposent les corps de haute magistrature, contraints de fléchir et de s'arrêter devant l'intimation d'un administrateur révocable, d'un agent secondaire, d'un simple préfet; qu'elles aigrissent les particuliers qu'on arrache à des juges inamovibles et indépendants, pour les ramener, après de longs et dispendieux circuits, devant une autorité qui ne leur offre pas les mêmes garanties; qu'il n'est pas d'une bonne police de laisser le conflit, c'est-à-dire la guerre, s'établir dans les degrés supérieurs, entre l'administration et les tribunaux; qu'il est à craindre que celle-là et ceux-ci, et quelquefois tous les deux, ne perdent aux yeux des citoyens, dans ce conflit, quelque chose de leur considération et de leur influence; que d'ailleurs si l'affaire est évidemment administrative, il n'est guère possible que le préfet ne soit pas averti, ou par les parties elles-mêmes, ou par les procureurs du Roi, sentinelles placées sur la frontière des deux juridictions, et dont l'œil, sans cesse ouvert, doit surveiller toutes les violations de compétence; ou qu'il ne soit pas lui-même en cause, et qu'il n'élève pas le conflit à temps, c'est-à-dire avant l'arrêt. Que si, au contraire, l'affaire est d'une nature ambiguë, ou qu'elle ait peu d'intérêt pour l'administration, alors les bénéfices légers de la revendication ne peuvent être mis en balance avec les inconvénients de principes et de conséquences qu'entraînerait le renversement de la chose jugée; qu'il ne faut pas croire que le gouvernement, dont le maintien des juridictions est le devoir et le droit, ait été mis par les lois du pays dans l'impuissance de surveiller et de réprimer les invasions des tribunaux; qu'en effet il a répandu sur toute la surface de la France, et dans tous les degrés de la hiérarchie judiciaire, des espèces de préfets intérieurs, des commissaires spéciaux, agents révocables, qui assistent à tous les actes du juge, qui suivent le procès de l'œil et de la voix, dans toutes les involutions qu'il parcourt, qui plaident dans l'intérêt de l'État, qui ont la faculté de requérir des renvois et de se faire apporter les pièces, qui communiquent sans cesse avec le pouvoir, et qui président à l'exécution des jugements; qu'il a délégué dans chaque département, et installé dans le siége même de chaque Cour royale, un préfet qui peut, dans le large intervalle qui s'étend de l'exploit d'assignation à la prononciation de l'arrêt, non-seulement requérir, par la voie ordinaire du déclinatoire, le renvoi devant l'autorité administrative, mais encore revendiquer l'affaire par la voie extraordinaire du conflit; qu'enfin le recours en cassation formé, soit par l'État dans les délais, s'il est en cause, ou par les agents des établissements publics, ou par les particuliers justiciables de l'autorité administrative, ou par le procureur général dans l'intérêt de la loi, si tous les délais sont expirés, vient offrir au gouvernement un dernier et salutaire remède, surtout depuis que les tribunaux ne procèdent plus par arrêts de réglements généraux, et que le mal d'une espèce est ainsi toujours réparable.

« Concluons donc, par tous ces motifs, qu'il y a lieu de remettre en vigueur l'arrêt du 6 février 1815, et, par conséquent, de déclarer que le conflit ne peut plus être élevé après un jugement de première instance rendu en dernier ressort, ni après un arrêt de Cour royale rendu contradictoirement.

« J'arrive maintenant à la troisième question, qui consiste à rechercher si le conflit peut être élevé après des jugements de première instance rendus contradictoirement, lorsque l'exception d'incompétence n'a pas été préalablement proposée.

« Cette question nous paraît devoir être résolue négativement.

« En effet, est-ce un acquéreur de domaines nationaux, un entrepreneur de travaux publics, un traitant de fournitures, qui subissent ou intentent l'action [1] ?

« Mais ils sont avertis par leur titre de vente, par leur traité, par leur marché, et par la loi spéciale de la matière, que cette action est administrative. N'en est-il pas de même s'ils sont porteurs d'un arrêté administratif qui constitue pour eux un droit antérieur, dont il s'agisse d'expliquer le sens et les effets ? Que n'en excipent-ils ? que ne s'adressent-ils au préfet pour qu'il revendique sur l'assignation ? Mais le préfet peut refuser. Eh bien ! qu'ils fassent défaut. Qu'ils informent le procureur du Roi, d'après l'art. 1er de l'arrêté du 13 brumaire an x, qu'une question attribuée à l'autorité administrative est en ce moment soumise à l'autorité judiciaire; qu'ils proposent le déclinatoire. Ces quatre voies différentes leur sont ouvertes. Ne sont-ils pas d'ailleurs éclairés par les lumières de leur avoué et de leur avocat, et par leur propre intérêt, le plus actif et le plus sagace des conseillers ?

[1] Loi du 28 pluviose an viii, art. 4. — Décrets réglém. du 5 nivose an viii, et du 11 juin 1806.

« Est-ce une commune, un hospice, une fabrique ?

« Mais ils ne peuvent plaider sans l'autorisation préalable du conseil de préfecture, ou sans l'assentiment des conseils municipaux ou des comités consultatifs, et par conséquent sans un examen préparatoire et approfondi de la nature de l'objet et des suites de l'action [1]. Leurs créanciers ne sont-ils pas obligés de remettre un mémoire à l'administration [2] ?

« Est-ce l'État assigné dans la personne du préfet en paiement d'une créance ?

« Mais le créancier est tenu, à peine de nullité, de qualifier nettement son action et ses moyens dans un mémoire spécial qu'il remet préalablement au préfet, et le préfet a un mois entier pour examiner ce mémoire, statuer, et se préparer à la défense. Si, au contraire, le préfet est demandeur, il serait étrange, pour ne pas dire ridicule, qu'étant maître du moment et du choix de l'action, il tentât d'abord les voies judiciaires pour les décliner ensuite, en élevant un conflit après coup [3].

« Est-ce le Domaine ?

[1] Voy. loi du 28 pluviose an VIII, art. 4. — Décret réglém. du 30 décem. 1809, art. 77. — Arrêté réglém. du 9 août an x.

[2] Arrêté du 17 vend. an x.

[3] Voy. loi du 5 nov. 1790, tit. 3, art. 15.

« Mais l'on sait qu'à Paris on prend toujours l'avis délibéré du conseil d'administration, et que, dans les départements, les directeurs, hommes très-versés dans l'étude des questions administratives, n'intentent ou ne subissent d'action, qu'au préalable ils n'aient prévenu la direction générale et reçu ses instructions.

« Est-ce le Trésor?

« Mais ses agents ne sont-ils pas guidés par les habiles directions du ministère des finances?

« Enfin, d'une part, le procureur du Roi ne doit-il pas être entendu sur toutes les causes qui concernent l'ordre public, l'État, le domaine, les communes, les établissements publics? N'est-il pas appelé à s'expliquer sur les déclinatoires pour incompétence? N'est-il pas spécialement tenu de requérir le renvoi des questions administratives devant l'autorité compétente, de faire insérer ses réquisitions dans le jugement, et d'avertir le préfet [1]?

« Les juges, d'une autre part, à défaut de toute réquisition ou déclinatoire, ne s'empresseront-ils pas de déclarer d'office leur incompétence? Le Code pénal ne leur inflige-t-il pas des peines s'ils veulent s'immiscer dans des matières

---

[1] Code de procéd. civ., art. 83, n° 1 et 3. — Arrêté du gouvernement du 13 brum. an x, art 1.

réservées à l'administration, et s'ils empêchent l'exécution de ses ordres[1] ?

« Et c'est lorsque l'action ou l'exception sont ainsi secourues par l'intérêt personnel des particuliers, par le zèle et l'expérience éveillée des agents publics, par des examens préalables longuement délibérés, par le devoir et la réflexion du juge, par les investigations du ministère public et par ses avertissements obligés; c'est lorsque le tribunal, non averti, non éclairé, non décliné, a prononcé, qu'on vient annuler, par une revendication intempestive, des jugements rendus à grands frais sur des comparutions volontaires, et sur le libre acquiescement des parties !

« N'est-ce pas, en quelque sorte, se jouer de la justice? car si le jugement est favorable au fond, quoique incompétent *ratione materiæ*, on se garde bien d'élever conflit; mais s'il est contraire, on revendique à fin d'annulation. Nous avons toujours vu que l'injure de ce procédé blessait vivement les juges.

« Ne peut-on pas d'ailleurs, si quelque question administrative échappait à la vigilance de tant d'actions croisées, proposer, sur l'appel, l'exception d'incompétence à raison de la matière, ou, s'il y a

---

[1] Code pénal, art. 127.

lieu, l'exception de nullité radicale pour défaut
d'autorisation ou de quelque autre préalable ; et de
cette manière la dignité des tribunaux, l'intérêt
des parties, et l'ordre des juridictions, ne sont-
ils pas suffisamment ménagés ?

« Je ne puis m'empêcher, en finissant, d'indiquer trois moyens auxiliaires qui, sans pouvoir
être consignés dans les dispositions d'une telle ordonnance, me semblent parfaitement propres
néanmoins à en seconder l'application, et à rendre
les conflits moins fréquents et plus réguliers.

« Ce serait d'abord d'établir, pour les candidats
de l'administration préfectorale, des degrés d'a-
vancement et des conditions d'aptitude, comme
il en existe pour les candidats des autres branches
du service public, et de soumettre les préfets,
sous-préfets, conseillers de préfecture et procureurs du Roi, à la justification d'un diplôme de licencié en droit, et d'une année du cours de droit
administratif.

« En effet, les employés des administrations fi-
nancières s'élèvent par échelons aux grades supérieurs ; les ingénieurs des ponts et chaussées et
des mines, et les officiers du génie et de l'artille-
rie, subissent les épreuves savantes de l'École po-
lytechnique ; les juges ont soutenu des examens et
parcouru les différentes branches du droit ; les
commissaires de la marine, les intendants mili-

taires, et jusqu'aux agents forestiers, suivent des écoles d'application, subissent des concours, étudient et s'éprouvent. Sous l'Empire, la plupart des préfets faisaient, comme auditeurs, quelque stage dans le Conseil d'État. Avant la révolution, les intendants de provinces n'étaient jamais pris que parmi les maîtres des requêtes, et ceux-ci que parmi les membres des Cours souveraines. Aujourd'hui nous paraissons également éloignés de l'esprit de liberté qui veut des capacités et des choix, et de l'esprit monarchique qui veut des degrés et des hiérarchies.

« Le mépris des conditions d'aptitude et des intérêts des justiciables a même été porté si loin, qu'on fit (chose vraiment curieuse) annoncer dans les journaux, avec des expressions de regret, qu'il n'y avait plus de places de conseillers de préfecture pour MM. les capitaines de vaisseaux !

« Nous sommes déjà, par le progrès insensible de la civilisation et des lumières, arrivés à une époque où le peuple place moins volontiers sa confiance dans l'éclat des noms et des dignités que dans les capacités de direction.

« Il importe au gouvernement de s'affranchir, par l'exigence des conditions de degrés et d'aptitude, des liens de l'intrigue et de la faveur.

« Il importe aux citoyens que la justice administrative soit habilement distribuée.

« Il ne suffit pas d'avoir de bonnes lois, il faut de bons agents pour les appliquer.

« Si les préfets étaient licenciés en droit, ils n'élèveraient pas par ignorance le conflit sur des assignations et des jugements qui n'ont pour objet que des questions purement judiciaires.

« Si les procureurs du Roi connaissaient mieux le droit administratif, ils seraient plus attentifs, soit à requérir le renvoi devant l'autorité administrative, des questions qui lui appartiennent, soit à avertir à temps le préfet.

« Ce qui m'amène à vous dire un mot, messieurs, de la restauration si impatiemment attendue de cette dernière chaire.

« L'enseignement du droit administratif était, dans son institution, uni à celui du droit public. Mais on a prétendu que nous ne vivions pas dans des temps assez reposés, pour laisser commenter publiquement la Charte, que chacun interprète et tourmente dans le sens de ses opinions.

« Du moins rien ne s'oppose à ce qu'on enseigne le positif de l'administration. Ce cours pourrait être divisé en deux parties, dont l'une serait plus particulièrement consacrée à l'enseignement de la procédure, ou, en d'autres termes, du formulaire de ces actes, si divers et si nombreux, qu'un maire, un sous-préfet ou autre administrateur, est, à chaque moment, obligé de prendre dans l'exercice de ses fonctions, et qui sont quelquefois tellement défectueux qu'il faut les recommencer, au grave détriment de l'administration et des administrés.

« La seconde partie de ce cours embrasserait le rapide exposé de la législation administrative, et les éléments généraux de la jurisprudence, et surtout les règles et matières des conflits. Il n'est pas d'ailleurs inutile, ni pour les jeunes candidats de la magistrature, et surtout pour eux du parquet, qui suivraient aussi ce cours, de savoir dans quel cercle l'autorité administrative peut développer sa juridiction, et d'apprendre en quelque sorte à reconnaître les limites des deux empires.

« Enfin il est permis de croire que, pour des Français destinés à devenir un jour maires, sous-préfets, préfets, ou à siéger dans le Conseil d'État, le cours de droit administratif aurait quelque utilité pratique de plus que l'enseignement actuel de l'histoire des impénétrables obscurités de la loi des douze tables, ou la restitution d'un fragment rouillé de Gaïus.

« Je terminerai, messieurs, par une proposition qui se rattache plus directement à l'objet de notre travail, puisqu'elle tend à le compléter. Ce serait d'annexer à l'ordonnance deux instructions travaillées qui développeraient les règles de la jurisprudence du Conseil d'État les plus éprouvées et les plus conformes à l'esprit et aux dispositions de cette ordonnance.

« L'une de ces instructions serait adressée aux préfets par le ministre de l'intérieur, et l'autre aux procureurs du Roi par le ministre de la justice. »

Suite des travaux de la Commission des conflits.

La seconde séance de la commission eut lieu, comme les suivantes, sous la présidence de M. Henrion de Pansey ; on y examina avec la plus sérieuse attention la question de savoir si, d'après les termes de l'arrêté de M. le garde des sceaux, la commission devait s'occuper d'un projet de loi ou d'un projet d'ordonnance, et quels devaient être les principes que l'on adopterait.

Un vénérable et savant magistrat, M. Lepoitevin, ouvrit la discussion par l'opinion suivante :

« Les abus en matière de conflits, effet nécessaire du décret du 13 brumaire an X, sont aussi nombreux qu'affligeants : la réclamation est universelle.

« Procédera-t-on par voie d'ordonnance à la réforme de ces abus ?

« Une ordonnance peut être révoquée, modifiée, dénaturée par une autre ordonnance, ou demeurer sans exécution : ce serait une mesure inefficace, dérisoire, un véritable leurre, dont les conséquences seraient fâcheuses pour le ministère comme pour la commission.

« Le Roi ayant, dans son discours, annoncé aux Chambres qu'il avait donné ordre d'approfondir quelques questions de haute administration publique, et que la véritable force des trônes réside dans l'observation des lois ; qu'il veillerait à ce qu'on travaillât avec sagesse et maturité à mettre la législation en harmonie avec la Charte ;

« Le ministère pourrait-il soustraire la question des conflits à la connaissance des Chambres ?

« Cette grave question, se rattachant à l'organisation de la société et à la séparation des pouvoirs, est essentiellement législative.

« Lorsqu'on voit d'ailleurs le gouvernement révendiquer par la voie des conflits une foule immense de questions de toute nature, qui constituent de véritables procès de la compétence exclusive des tribunaux, et que se rendant ensuite juge et partie dans sa propre cause, il peut encore en étendre le cercle par des ordonnances, les conflits deviennent ainsi, en réalité, des évocations qui se trouvent dominées par le principe de la Charte, ce principe de toute législation sage, qui veut que *nul ne puisse être distrait de ses juges naturels.*

« Ce n'est donc plus une question de gouvernement, mais de justice contentieuse.

« Pour juger les conflits entre l'autorité judiciaire et l'autorité administrative, il faut une magistrature indépendante.

« Il répugne à toute idée de raison et de justice, que ce soit le même pouvoir qui élève et juge les conflits.

« L'administration réunie à la juridiction, dont les principes sont incertains, et qui n'est contrebalancée par aucune autre autorité, tend toujours à l'arbitraire.

« Le Conseil d'État est sans doute composé de magistrats et d'administrateurs honorables sous tous les rapports; mais, tel qu'il est organisé, offre-t-il cette garantie d'indépendance qu'exige impérieusement le droit de juger ? Comment laisser le jugement des compétences à un corps qui n'est autre que le gouvernement lui-même, puisqu'il est présidé par un ministre qui appelle au service actif qui bon lui semble, qui peut changer les résultats de la délibération, qui prononce à huis clos?

« C'est le Roi qui juge !

« Le Roi ne juge point, il se contente de signer en masse les extraits des délibérations du Conseil d'État, que le ministre lui présente; il les solennise seulement par sa signature, sur parole ministérielle.

« Sous une monarchie constitutionnelle *le pouvoir judiciaire ne peut en aucun cas être exercé par le Roi.* Il ne peut non plus créer, attribuer une juridiction quelconque, en étendre ou restreindre les limites ; c'est l'œuvre commune du Roi et des Chambres.

« Au pouvoir qui fait les lois appartient le droit de régler les compétences.

« *Toute justice émane du Roi, mais comme s'administrant en son nom par des juges qu'il nomme et institue ; lesquels juges nommés par lui sont inamovibles.* »

« C'est ainsi que la Charte, articles 57 et 58, pose le principe, et en fait de suite l'application, que fortifie cette autre maxime consacrée par l'article 62 « *Nul ne peut être distrait de ses juges naturels.* »

« Dans l'état actuel des choses, un conflit soit de juridiction, soit d'attribution, n'étant au fond qu'une question de compétence, la connaissance des conflits entre l'autorité administrative et l'autorité judiciaire doit être déférée à la Cour de cassation qui offre la double garantie de l'indépendance et de la publicité.

« Ce corps de magistrature, dépositaire et conservateur de la loi, régularise l'administration de la justice, sans jamais juger le fond.

« Il connaît de toutes les compétences, même à l'égard des juridictions militaires, ainsi que des conflits d'attribution, lorsque la question de compétence s'en agite entre particuliers sans qu'il y ait eu de revendication.

« La Cour de cassation exerce aujourd'hui la même branche de *haute administration judiciaire* qui était exercée par le Conseil d'État

avant la révolution. Les cassations et les réglements de juges ont été mis dans ses attributions.
Les évocations et les commissions, ces fléaux de
la société, avaient disparu.

« La Cour de cassation, chargée des réglements
de juges et de la discipline judiciaire, est un lien
d'union entre l'administration et les tribunaux.

« Qu'on observe d'ailleurs de quelle manière
cette Cour s'est prononcée, lorsqu'elle a eu à
statuer sur des excès de pouvoir ou sur des
atteintes à l'autorité administrative ; et il sera facile de se convaincre, *par le fait,* qu'elle présente
à cet égard toutes les garanties rassurantes pour
le gouvernement.

« Et s'il fallait ajouter à ces garanties, les conflits seraient jugés par la Cour de cassation, sections réunies, sous la présidence du ministre de
la justice.

« Par ces considérations, j'estime qu'il faut
mettre sous les yeux du Roi le tableau des abus
en matière de conflits que M. le Rapporteur a
présenté à la commission, lors de sa première
réunion ; abolir toute législation qui a créé et
perpétué ces abus ; s'attacher uniquement à la
Charte, et faire une loi qui puisse, selon le vœu de
sa Majesté, être en harmonie avec ce pacte de
notre droit public et constitutionnel. »

La majorité de la commission pensa, sur la
question de savoir si l'on devait s'occuper d'un

projet de loi, que, quelle que pût être la nécessité, pour arriver à un résultat véritablement utile, de procéder législativement, le mandat confié par M. le garde des sceaux paraissait se renfermer dans un projet de réglement ; sur la seconde question, elle ne parut point adopter l'avis qu'on dût remettre à la Cour de cassation le soin de prononcer sur les conflits d'attribution.

L'opinion d'un membre plus connu encore par les immenses progrès qu'il a fait faire aux sciences naturelles, que par son habileté comme homme d'État et administrateur, sembla influer sur cette dernière détermination de la commission.

Nous sommes heureux de pouvoir rapporter ici la substance de cette opinion remarquable.

« Sur la question de savoir à quelle autorité doit appartenir la décision des conflits, l'honorable membre fit remarquer qu'il était nécessaire d'abord de remonter à la nature du conflit.

« Le conflit est le moyen accordé au pouvoir amovible et responsable, pour se défendre contre les invasions du pouvoir inamovible et irresponsable. Les affaires judiciaires en France, seul pays connu où il en soit ainsi, étant entièrement confiées à des corps collectifs et inamovibles, la cassation qui, avant la révolution, appartenait au Conseil du Roi, ayant été elle-même attribuée à un corps de ce genre, il était rigoureusement nécessaire, si l'on voulait conserver un gouver-

nement responsable, d'enlever soigneusement
aux tribunaux toutes les matières administratives,
c'est-à-dire tout ce qui a rapport au gouvernement général, à la police, à l'exercice des droits
qui appartiennent à la communauté comme telle;
ces matières étant par leur nature l'objet de l'am-
bition des individus et des corps, parce qu'elles
donnent plus d'autorité, plus de crédit et plus de
moyens de favoriser ses créatures, l'ordre judiciaire a une tendance naturelle à s'en emparer; et
chacun se souvient que dans l'ancien régime les
parlements s'en étaient emparés en grande partie,
et qu'ils étaient sans cesse en guerre à ce sujet
avec le gouvernement. Le gouvernement avait
cependant alors une défense qu'il n'a plus, l'arme
de la cassation, dont il est dépouillé aujourd'hui.

« L'Assemblée constituante, composée d'hommes
qui avaient été témoins de ces débats, s'aperçut
promptement que si elle n'y portait pas remède,
le pouvoir législatif lui-même serait anéanti; car
il n'aurait aucun moyen d'arrêter les autorités
judiciaires, ni de les faire répondre de leurs actes.
Quelque impartiale que puisse être la Cour de
cassation, elle appartient à l'ordre judiciaire; elle
est composée des mêmes éléments; et en matière
d'attribution elle a les mêmes intérêts; enfin, et
surtout, il n'y a aucun moyen de réformer ses arrêts; la disposition qui donnait au Roi, sous la
responsabilité de ses ministres, le droit de juger

les conflits, était donc une conséquence mathé-
matique de l'établissement du gouvernement représentatif. Admettons en effet une disposition
contraire, insensiblement les tribunaux jugeront
les questions administratives ; ils s'empareront de
la police, ils entraveront le gouvernement, ils
finiront par faire des lois par leurs arrêts. Sans
cesse les ministres auront à dire qu'ils ne peuvent
répondre d'opérations dans lesquelles leur action
n'est pas libre : et que pourra faire le corps législatif? il sera toujours muet devant des arrêts. Au
contraire, que le gouvernement abuse des conflits;
qu'il enlève les citoyens à leurs juges naturels;
qu'il intervertisse les juridictions ; ses ministres
peuvent à chaque instant être appelés à en répondre devant les Chambres. Il y a à l'abus de ce
remède un autre remède toujours prêt.

« Ce n'est donc pas seulement la loi positive,
c'est la raison, c'est la nature des choses qui veut
que le jugement des conflits appartienne au gouvernement; qu'on le règle de manière à ne point
choquer sans nécessité les tribunaux, à ne point
traîner mal-à-propos les citoyens devant l'autorité administrative dans les matières judiciaires;
rien de plus juste, rien même de plus utile à la
conservation d'une prérogative nécessaire : mais
transférer cette prérogative à un membre quelconque de l'ordre judiciaire, c'est renverser la
constitution. »

Lorsque la commission fut tombée d'accord sur le principe qu'elle ne devait s'occuper que d'un projet de réglement, elle se livra avec ardeur au travail qui lui avait été confié.

Pendant le cours de sept séances, et après une longue et savante discussion dont nous aurons occasion de rapporter plusieurs parties dans le commentaire qui va suivre, on arrêta les bases de l'ordonnance qui depuis a reçu la sanction royale.

La commission crut devoir annexer au projet d'ordonnance qu'elle avait rédigé, un avis préparé par M. le rapporteur, et dans lequel on exposait rapidement le système tout nouveau qui venait d'être adopté, en exprimant le vœu que la matière des conflits fût réglée à l'avenir par une loi qui aurait des avantages incontestables sur une simple ordonnance.

Nous terminerons cette première partie par le texte de l'avis de la commission.

« Les membres de la commission, nommés par l'arrêté de M. le garde des sceaux du 16 janvier 1828,

« Sont d'avis :

« Que si, pour ne pas sortir des termes exprès de leur mandat qui les invitait à se renfermer dans la législation existante, ils ont dû se borner à présenter sous la forme d'une ordonnance, les mesures qui leur ont paru provisoirement les plus propres à resserrer et à diriger l'action du conflit, ils ne peuvent néanmoins s'empêcher d'exprimer leur opinion sur l'insuffisance d'une ordonnance et sur les avantages d'une loi dans une matière aussi importante.

« Que, sans doute, l'ordonnance proposée présente une utilité et des améliorations incontestables, puisqu'elle restreint les cas et les limites des conflits : les cas, en ne permettant plus de l'élever, comme par le passé, ni en matière criminelle, ni en matière correctionnelle, si ce n'est dans deux circonstances déterminées; ni sous le prétexte du défaut d'autorisation de la poursuite des agents du gouvernement, ou de l'omission de toute autre formalité préalable aux poursuites judiciaires, ni sur les jugements de juges de paix, ni sur les jugements des tribunaux de commerce, ni sur les jugements des tribunaux de première instance rendus en dernier ressort ou acquiescés, ni sur des arrêts définitifs. Les limites, en déterminant que le préfet ne peut élever le conflit, avant que le renvoi de l'instance devant l'autorité administrative n'ait été préalablement demandé ou requis, et que le tribunal n'ait rendu un jugement sur sa compétence; en lui interdisant de l'élever devant le tribunal saisi de l'affaire, s'il a laissé écouler le délai de quinzaine depuis la réception du jugement; en établissant les mêmes règles sur l'appel; en rendant l'instruction des conflits plus concentrée, plus complète, plus rapide; en permettant aux tribunaux de passer outre au jugement du fond, si, dans l'espace d'un mois, il n'était pas statué sur le conflit, et en attachant ainsi une sorte de sanction à l'observation des délais, dans une matière où la suspension de la justice est le plus grand mal qui puisse affecter l'ordre public et l'intérêt des particuliers.

« Que malgré ces avantages, il est vrai de dire qu'une ordonnance peut être à chaque moment modifiée, dénaturée, et même révoquée par une autre ordonnance.

« Enfin que la multiplication des conflits paraît provenir, en partie, de ce que la plupart des préfets ne sont pas assez versés dans la connaissance du droit civil, ni du droit administratif. Qu'il serait donc à désirer qu'on exigeât des conditions de degrés et d'aptitude pour les candidats de l'administration préfectorale, comme il en existe pour les autres agents du service public, et qu'on astreignît les futurs préfets, sous-préfets, conseillers de préfecture, et même les procureurs du Roi, à la justification préalable, non-seulement d'un diplôme de licencié en droit, mais encore d'une année du cours de droit administratif, dont il semble instant de rétablir la chaire [1]. »

---

[1] Les vœux de la commission ont été entendus, et la chaire de droit administratif auprès de la faculté de droit de Paris a été rétablie par une ordonnance royale du 19 juin 1828.

Ainsi signé à la minute :

Le président Henrion, Cuvier, Jacquinot de Pampelune, Zangiacomi, Agier, Lepoitevin, Delacroix-Frainville, de Cormenin, *rapporteur* [1],

Pour copie conforme :

A. TAILLANDIER,

Secrétaire de la commission.

Nous allons mettre sous les yeux du lecteur le tableau général des conflits depuis l'an VIII jusqu'au 1er janvier 1828. [2]

---

[1] M. le chevalier Allent avait fait connaître, par une lettre à M. le Rapporteur, qui fut jointe à la minute de l'avis, son adhésion au projet d'ordonnance préparé par la commission.

[2] J'ai fait ce tableau pour M. de Cormenin, rapporteur de la commission des conflits, qui l'a mis sous les yeux de cette commission (voy. ci-dessus son rapport, pag. 55). Sa rédaction a nécessité l'examen de plus de seize cents dossiers. Un membre de la commission l'ayant communiqué à l'auteur d'un ouvrage récent sur les conflits, celui-ci l'a inséré dans son second volume, sans dire comment il se l'était procuré.

Tableau général des conflits d'attribution jugés par le Conseil d'État, depuis l'an VIII jusqu'au 1er janvier 1828.

SORT DES CONFLITS.	Élevés sur assignations.	Élevés sur jugemens de juge de paix.	Élevés sur jug. de trib. de prem. instance.	Élevés sur jug. de trib. de comm.	Élevés sur jug. de trib. crim. et correct.	Élevés sur ar. de cours d'app. et cours roy.	Élevés sur arr. de la cour de cassation.	Élevés en mat. d'élec. (Loi du 2 mai 1827).	Élevés en mat. d'app. comme d'abus.	Élevés sur arrêté du conseil de préfecture.
Maintenus.........	107	167	480	59	11	94	5	26	2	00
Annulés..........	62	64	243	24	7	51	1	00	00	1
Maintenus en partie et annulés en partie.	7	6	14	1	00	5	00	00	00	00
Sur lesquels il y a eu sursis.........	1	00	00	00	00	00	0	00	00	00
Totaux.........	177	237	743	65	18	150	6	26	2	1

RÉCAPITUL.

Conflits. Maintenus. 937
Conflits. Annulés.... 453
Conflits. Maint. ou ann. en part. 40
Sursis...... 01
Total gén... 1431

COMMENTAIRE

L'ORDONNANCE DES CONFLITS.

DEUXIÈME PARTIE.

Ordonnance du 1ᵉʳ juin 1828.

Vu la loi du 14 octobre 1790 , et l'article 27 de la loi du 21 fructidor an III (7 septemb. 1795);

Vu le travail à nous présenté par la commission formée par arrêté de notre garde des sceaux, en date du 16 janvier dernier;

Sur le rapport de notre garde des sceaux, ministre secrétaire d'État au département de la justice,

Nous avons ordonné et ordonnons ce qui suit :

ART. I.

A l'avenir le conflit d'attribution entre les

8.

tribunaux et l'autorité administrative ne sera jamais élevé en matière criminelle.

Le silence qui existait dans les diverses dispositions législatives antérieures, sur le conflit en cette matière, avait fait penser à quelques préfets qu'ils étaient autorisés à l'élever lorsqu'une chambre des mises en accusation était saisie de la connaissance d'une affaire qui leur semblait devoir être jugée administrativement. Cette prétention était évidemment mal fondée, et il faut espérer qu'elle ne se renouvellera plus, car les termes de la nouvelle ordonnance sont explicites.

M. Duvergier, dans les annotations qu'il a jointes à l'ordonnance dans sa *Collection des lois*, s'exprime en ces termes sur cette question :

« Depuis le Consulat, les conflits en matière criminelle sont devenus plus rares. M. Bavoux fixe à dix-huit le nombre de ceux qui ont été élevés, soit au grand criminel, soit en police correctionnelle; et il soutient (tom. Ier, pag. 20) que les procès criminels, ne pouvant, sous aucun rapport, rentrer dans la compétence administrative, jamais il ne devrait y avoir de conflit en pareil cas. L'art. 1er de l'ordonnance semble consacrer ce système ; mais il ne faut pas entendre sa disposition, en ce sens que, comme paraît le croire **M.** Bavoux, jamais dans un procès criminel il ne peut s'élever une question de la compétence administrative : ainsi un comptable public, poursuivi pour dilapidation de sa caisse, qui prétend qu'avant de prononcer sur l'accusation, il y a lieu d'examiner la question préjudicielle de savoir s'il est réellement en débet, qui demande à faire régler sa comptabilité, peut exiger qu'il soit sursis aux poursuites judiciaires, pour faire statuer sur ses comptes par l'administration, et être ensuite, sur le vu de la décision administrative, prononcé sur sa culpabilité. La célèbre affaire *Fabry* a offert un exemple remarquable de l'influence que la décision administrative, touchant *la comptabilité*, doit exercer sur la décision judiciaire, touchant *la culpabilité*.

« Attendu, est-il dit dans les considérants de
« l'arrêt de cassation du 15 juillet 1819 (Sirey,
« 19, 1, 371), que Fabry était poursuivi pour fait
« de dilapidation de deniers publics ; mais qu'il
« n'en pouvait être déclaré coupable qu'autant
« qu'il aurait été *préalablement décidé, par l'au-*
« *torité compétente, qu'il était reliquataire dans*
« *les comptes de sa gestion* ; qu'il avait requis
« cet *examen préjudiciel de sa comptabilité*, et
« que néanmoins, sans qu'il ait été définitivement
« prononcé, le conseil de révision a déclaré la
« compétence de la juridiction militaire ; qu'en
« conséquence, le premier conseil de guerre per-
« manent a statué sur la plainte, et a condamné

« Fabry par son jugement du 2 juin, qui a été con-
« firmé le 5 du même mois par le conseil de révi-
« sion ; *ce qui a été de la part de ces deux tribu-*
« *naux une violation des règles de compétence ;*

« Attendu que les décisions administratives qui
« ont prononcé sur les comptes de Fabry, et l'ont
« déclaré créancier de l'État, ne sont point et n'ont
« pas pu être un jugement sur la plainte en dilapi-
« dation formée contre lui ; qu'elles ne sont qu'un
« élément, une base nécessaire pour le jugement
« de cette plainte, etc. ' »

« L'ordonnance n'a donc pas entendu déclarer
qu'en matière criminelle il ne pouvait pas s'élever
de questions préjudicielles administratives ; mais
elle a voulu prévenir l'abus que l'on pourrait faire
des conflits ; elle s'en rapporte à la prudence et à
l'impartialité des tribunaux ; elle suppose avec
raison que les magistrats reconnaîtront eux-mêmes
leur incompétence, sur telle ou telle question qui
rentrerait dans les attributions administratives, et
qui se présenterait dans le cours d'une instruction
criminelle, ou lors des débats. En conséquence,
nonobstant l'art. 1er de l'ordonnance, sur la demande de l'accusé ou du ministère public, ou même
d'office, les Cours royales ou les Cours d'assises

' Voy. aussi les ordonnances du Roi, rendues dans la même
affaire, le 31 janvier 1807, et le 12 mai mai 1819 (jurisprudence du conseil d'État, t. 3, p. 493, et t. 5, p. 114).

devront renvoyer à l'autorité administrative les questions de sa compétence qui pourraient se présenter dans un procès criminel : l'ordre des juridictions sera ainsi maintenu, sans qu'il y ait de conflit élevé. D'ailleurs la Cour de cassation annulerait les arrêts par lesquels les Cours auraient refusé de se déclarer incompétentes sur des questions dévolues à l'admininistration. En résumé, alors même que dans un procès criminel il y aurait à statuer sur des difficultés de la compétence administrative, le préfet ne pourra élever de conflit : mais les tribunaux devront eux-mêmes déclarer leur incompétence. »

Il n'y a aucun doute en effet qu'il peut arriver, dans un procès criminel, qu'un fait administratif doive être préalablement reconnu. Mais en cette circonstance il ne saurait y avoir lieu à conflit, car c'est uniquement sur la plainte de l'administration que la chambre des mises en accusation et ensuite la Cour d'assises peuvent être saisies. Si l'administration ne se plaint pas, l'action criminelle n'est pas exercée.

Il faut donc maintenir la règle absolue, qu'en matière criminelle le conflit d'attribution ne doit jamais être élevé.

ART. II.

Il ne pourra être élevé de conflit en matière de police correctionnelle que dans les deux cas suivants :

1° Lorsque la répression du délit est attribuée par une disposition législative à l'autorité administrative ;

2° Lorsque le jugement à rendre par le tribunal dépendra d'une question préjudicielle dont la connaissance appartiendrait à l'autorité administrative, en vertu d'une disposition législative.

Dans ce dernier cas, le conflit ne pourra être élevé que sur la question préjudicielle,

Le principe général est qu'en matière de police correctionnelle, comme en matière de grand criminel, il ne doit point y avoir lieu à conflit.

L'ordonnance cependant établit deux exceptions à ce principe.

La première est relative au cas où un tribunal de police correctionnelle, serait saisi de la connaissance d'un délit attribué par une disposition législative à l'autorité administrative.

Ainsi, par exemple, la loi du 29 floréal an x, sur la grande voierie, combinée avec l'arrêt du Conseil du 27 février 1765, donne aux conseils de préfecture, sauf l'appel devant le Conseil d'État, le droit d'ordonner la répression des délits de cette nature, et de condamner les contrevenants à l'amende et aux frais.

Il pourrait arriver néanmoins qu'un délit relatif à la grande voierie fût poursuivi par la voie correctionnelle ; c'est dans ce cas qu'il y aurait lieu à élever le conflit.

De même une autre loi du 29 floréal an x, et le décret du 23 juin 1806 donnent aux maires et aux conseils de préfecture le droit de statuer sur les contraventions en matière de police de roulage, etc.

Il y a donc encore, dans ce cas, attribution par la loi à l'autorité administrative de la répression d'un délit, et dès-lors lieu à conflit, si un tribunal de police correctionnelle vient à en connaître.

Nous ne pensons pas qu'il existe d'autres matières où cette attribution se rencontre.

La seconde exception est relative au cas où une question préjudicielle, dépendante de l'autorité administrative, devrait être décidée avant le jugement du fond ; il est évident alors que cette autorité pourrait faire élever le conflit, si un tribunal de police correctionnelle, ainsi saisi de la répression d'un fait qu'elle devrait préalablement déclarer, n'attendait pas sa décision pour procéder au jugement.

Ce article, non plus que les suivants, ne parle pas des tribunaux de simple police.

On verra par la suite, lorsque nous arriverons à ce qui concerne les jugements rendus en dernier ressort par les juges de paix, quel a été le motif du silence gardé sur ce point par l'ordonnance.

ART. III.

Ne donneront pas lieu au conflit,

1° Le défaut d'autorisation, soit de la part du gouvernement, lorsqu'il s'agit de poursuites dirigées contre ses agents, soit de la part du conseil de préfecture, lorsqu'il s'agira de contestations judiciaires dans lesquelles les communes ou les établissements publics seront parties;

2° Le défaut d'accomplissement des formalités à remplir devant l'administration préalablement aux poursuites judiciaires.

Ce fut sous le Directoire que s'introduisit le principe que les fonctionnaires publics ne pourraient être poursuivis pour faits relatifs à leurs fonctions, sans l'autorisation préalable du gouvernement.

Ce principe trouva sa source dans la loi du 24 août 1790, tit. 2, art. 13, qui défend aux juges de s'immiscer dans les fonctions législatives; dans l'article 203 de la constitution de l'an III, qui renouvelait la même défense; et enfin dans l'article 196 de la même constitution, qui donnait au Directoire le droit d'annuler immédiatement les actes des administrations départementales ou municipales, et lui remettait aussi le pouvoir de suspendre ou destituer les administrateurs, soit de département, soit de canton, et de les envoyer devant les tribunaux de département.

C'est sur ces diverses dispositions que le Directoire basa son arrêté du 16 floréal an v, et qu'il annula, par la voie du conflit, un grand nombre de procédures dirigées contre des agents du gouvernement sans autorisation préalable.

Le gouvernement consulaire n'eut garde d'abandonner un aussi utile auxiliaire, et il fut consacré par un article plus explicite encore de la constitution de l'an viii.

Cette constitution porte dans son art. 75 : « Les agents du gouvernement, autres que les ministres, ne peuvent être poursuivis pour des faits relatifs à leurs fonctions, qu'en vertu d'une décision du conseil d'État : en ce cas, la poursuite a lieu devant les tribunaux ordinaires. »

Au moyen de cette disposition législative, il devint fort difficile pour les citoyens d'obtenir justice contre les agents du gouvernement dont ils avaient eu à se plaindre dans l'exercice de leurs fonctions.

En vain les tribunaux voulaient-ils quelquefois poursuivre d'office ; aussitôt un arrêté de conflit

était lancé, et la main des juges se trouvait para-
lysée '.

Cet état de choses amena de nombreuses réclamations; et la Commission des conflits, sans entrer
dans l'examen de la garantie réservée aux agents
du gouvernement, par la constitution consulaire
de l'an VIII, dont un seul article a conservé, par
une singulière bizarrerie, toute sa force, sous l'empire de la Charte constitutionnelle, proposa d'a-
bolir l'exercice du conflit, lorsqu'il s'agirait de la
poursuite, sans autorisation préalable, de l'un de
ces agents.

La Commission pensa sur ce point, comme son
rapporteur, que le défaut d'autorisation préalable,
ne saurait constituer qu'une exception susceptible
d'être proposée devant le juge supérieur, et entraîner l'annulation de la procédure, mais qu'il ne
pouvait jamais servir de fondement au conflit '.

Le premier paragraphe de l'art. 3 de l'ordonnance fait suffisamment voir que le gouvernement s'est rangé de l'avis de la Commission.

La seconde partie du même paragraphe s'applique au défaut d'accomplissement des formalités à
remplir devant l'administration, préalablement
aux poursuites judiciaires.

' Voy. ci-dessus, pag. 21 et suiv.

' Voy. les *Questions du droit administratif* de M. de Cormenin,
v° CONFLITS.

Il s'agit ici de la nécessité où l'on se trouve, lorsque les communes, les hospices ou les établissements publics doivent figurer dans un procès, d'obtenir l'autorisation préalable des conseils de préfecture [1].

Le défaut de cette autorisation tutélaire peut bien aussi constituer une nullité absolue, comme la Cour de cassation l'a jugé plusieurs fois [2], mais il ne saurait occasioner l'exercice du conflit.

Ainsi il résulte bien clairement du texte des articles 1, 2 et 3 de l'ordonnance, qu'en aucun cas le conflit ne peut être élevé en matière criminelle ; qu'il ne pourrait l'être en matière correctionnelle qu'autant que la répression du délit serait attribuée, par une loi spéciale, à l'autorité administrative, ou que le jugement à rendre par le tribunal correctionnel dépendrait d'une question préjudicielle, dont la connaissance appartiendrait à la même autorité, en vertu d'une disposition législative ; enfin que le défaut d'autorisation préalable pour poursuivre un agent du gouvernement, ou pour mettre une commune ou tout autre établissement public en cause, n'y donnera plus lieu.

On verra par la suite que le conflit ne peut plus être élevé ni en matière d'élection, ni dans les

[1] Voy. les *Questions du droit administratif*, v° CONTRIBUTIONS DIRECTES.

[2] Voy. arrêtés des 24 avril 1809, 16 mai 1810, 2 juin 1817, 18 juin 1823, etc.

matières sur lesquelles les juges de paix et les tribunaux de commerce prononcent en dernier ressort.

Peut-être s'étonnera-t-on que l'ordonnance ne s'explique pas formellement sur ce qui concerne le conflit en matière d'élection?

On sait que ce sont surtout ces conflits qui ont amené les réclamations les plus vives et les plus énergiques contre cette institution.

Aussi la Commission avait-elle cru d'abord de son devoir de proposer au gouvernemeut de régler à l'avenir les cas dans lesquels les conflits pourraient être élevés en matière électorale.

L'un des articles du premier projet d'ordonnance qu'elle avait rédigé, était ainsi conçu : « Le conflit ne pourra être élevé en matière d'élection, à moins que les tribunaux ne soient saisis d'une question relative, soit à la régularité, à la nature et à la quotité des contributions produites, soit à l'établissement et aux effets du domicile politique électif.

M. de Cormenin avait très-bien exposé, dans son rapport, les motifs qui devaient faire ainsi limiter l'exercice du conflit en matière d'élection, dans le cas où l'administration conserverait cette attribution[1].

Mais la Commission, ayant appris que le gou-

____

[1] Voir son rapport ci-dessus, pag. 77 et suiv.

vernement allait soumettre aux Chambres une nouvelle loi sur la révision annuelle des listes électorales et du jury, ne pensa pas devoir s'occuper d'une matière qui ne pouvait manquer d'être solennellement discutée par le pouvoir législatif.

En effet, la question du conflit, dans le cas d'élection, a été soulevée dans le sein de la Chambre des Députés, et nous allons présenter ici une analyse complète de cette mémorable discussion.

D'après le projet primitif du gouvernement, les demandes en inscription ou en radiation sur les listes électorales, devaient être soumises par le préfet au conseil de préfecture.

En cas d'appel contre une décision du conseil de préfecture, les difficultés relatives à la régularité des rôles, à la nature et à l'assiette des contributions, seraient portées devant le conseil d'État.

Les difficultés relatives aux questions d'état civil et politique, de domicile soit réel, soit politique, de propriété, de possession annale ou de titre qui en dispense, de délégations faites par des veuves, d'attributions de contributions à raison de la possession ou de l'usufruit, et toutes les autres questions non spécifiées en l'article qui concernait l'appel au Conseil d'État, seraient, d'après le même projet, portées directement devant la Cour royale du ressort.

Mais, au moment où allait s'ouvrir la discussion sur cette partie du projet de loi, M. le ministre de l'intérieur annonça à la Chambre qu'il présentait, avec l'agrément du Roi, un amendement en vertu duquel toute partie qui se croirait fondée à contester une décision rendue par le préfet en conseil de préfecture, pourrait porter son action devant la Cour royale du ressort.

Cet amendement important enlevait au Conseil d'État la connaissance de tout recours dirigé contre une décision du préfet prise en conseil de préfecture, quelle que fût d'ailleurs la question électorale tranchée par cette décision. On pouvait dès-lors induire de la loi ainsi amendée, qu'elle brisait entre les mains de l'administration l'arme du conflit.

Mais cette question fut explicitement décidée à l'occasion du dernier paragraphe de l'art. 20 qui, par suite de l'adoption de l'amendement du ministre de l'intérieur, fut ainsi rédigé :

« La cause sera jugée sommairement, toutes affaires cessantes, et sans qu'il soit besoin du ministère d'avoué. Les actes judiciaires auxquels elles donneront lieu seront enregistrés gratis. L'affaire sera rapportée en audience publique par un des membres de la Cour, et l'arrêt sera prononcé après que le ministère public aura été entendu. »

M. Dupin demanda qu'il fût ajouté à l'article ces mots : « Sans qu'aucun conflit puisse être élevé. »

M. Dutertre répondit : « Cela n'est pas à craindre, puisque vous n'avez plus de Conseil d'État pour les questions électorales. »

M. le ministre de la marine ajouta : « Ce serait reconnaître qu'on peut élever des conflits, et on ne le peut pas.... »

Alors la discussion suivante s'engagea sur cette intéressante question ' :

M. Dupin aîné : « J'admets la déclaration solennelle faite par un ministre du Roi, en présence de tous ses collègues, qu'aucun conflit ne pourra être élevé. Je confie cette déclaration à tous les souvenirs ; elle aura son utilité. Mais n'oublions pas que nous faisons des lois ; et les paroles des ministres, quand elles ne sont point écrites dans la loi, ne sont point obligatoires pour ceux qui l'appliquent. Ceci mérite toute votre attention.

« On vous dit qu'il n'y a plus de conflit possible, puisque désormais la compétence en matière électorale est exclusivement réservée aux Cours royales. Sans doute il n'y a plus de conflit raisonnable possible ; c'est-à-dire, qu'un conflit qui serait élevé serait une absurdité, et qu'il devrait être rejeté. Mais, messieurs, interrogez l'histoire des conflits ; vous verrez, sur dix conflits élevés, neuf rejetés comme un embarras dans les affaires, et non comme l'exercice d'un droit légal. Les con-

---

' Nous puisons tout ce qui concerne cette discussion dans le *Moniteur* du 9 mai 1828.

flits dans la législation sont un droit général, dont l'emploi n'est confié qu'à la discrétion du préfet. Ainsi, dans une matière où le préfet ne pourra être stimulé, où il agira d'après sa conviction, le conflit sera élevé rarement. Mais qui empêchera, je vous le demande, au préfet d'élever des conflits en matière électorale, lorsque rien dans la législation ne limite ce droit? Remarquez que la loi ne dit pas : tout conflit valablement élevé ; elle dit : tout conflit quelconque. S'il y a dans notre législation quelque chose qui ressemble à un firman, c'est un conflit. Dès qu'il apparaît dans l'ordre judiciaire, il faut que le juge obéisse, sous peine de devenir criminel.

« J'en appelle à la conscience publique : s'il arrivait qu'un ministère voulût se jouer encore de nos institutions, qui l'empêcherait de faire élever des conflits? Ces conflits déraisonnables, absurdes, auraient cependant pour effet de dessaisir les Cours royales ; sans doute le Conseil d'État, après les élections, jugera que ces conflits n'étaient pas fondés. Mais l'action de la justice n'en aura pas été moins interrompue ; et des citoyens auront été privés de l'exercice de leurs droits électoraux. Nous avons donc besoin d'une disposition législative qui nous protége contre la mauvaise foi, et qui assure à tous les électeurs l'exercice de leurs droits. Il ne faut qu'ajouter six mots dans votre loi, pour affermir la juridiction des Cours royales.

Qui pourrait donc vous empêcher d'écrire dans la loi ce qui est dans nos intentions? »

M. DE MONTBEL : « On ne peut élever un conflit que quand il y a contestation entre deux juridictions. Or, d'après la proposition que vient de faire M. le ministre de l'intérieur, et que vous avez adoptée, la compétence en matière électorale est entièrement renfermée dans les Cours royales. M. Dupin s'est félicité lui-même d'avoir provoqué une disposition qui met le Conseil d'État hors de la loi, pour ce qui concerne les listes électorales. Dès-lors il n'y a plus de lutte entre deux juridictions, et on ne conçoit pas comment un conflit pourrait être élevé; on ne peut supposer dans la loi ce qui est absurde. Je m'oppose à l'amendement de M. Dupin. »

M. LE MINISTRE DE LA MARINE. « Les réponses du ministère seront toujours des réponses de bonne foi. Mais ici le ministre du Roi n'a fait aucune déclaration; il s'est borné à faire parler la loi. Il ne peut y avoir aucune espèce de conflit dans les questions électorales, puisque la loi dit positivement qu'elles seront toutes renvoyées aux Cours royales. C'est sur les mêmes motifs qui ont amené M. Dupin à présenter son amendement, que je m'appuie pour le repousser; car si, lorsque la loi est si positive, vous croyez avoir besoin d'ajouter cette clause formelle, il en résulterait que dans d'autres lois, où la clause aurait été omise, on soutiendrait que le conflit est possible. C'est une vérité irrésistible : il ne peut y avoir de conflit, là où il n'y a aucun doute sur la juridiction. »

M. Mauguin. « Nous sommes persuadés qu'il y a beaucoup de bonne foi de la part du ministère, quand il nous assure qu'il n'y aura jamais de conflit élevé ; mais permettez à des hommes habitués à étudier les lois, et à en suivre l'application, de vous dire que l'on tombe ici dans une grave erreur. Vous faites une loi qui à la vérité ne reconnaît qu'une juridiction ; mais c'est une loi spéciale, et dont les dispositions doivent être interprétées par la loi générale. Pour que la loi générale ne soit pas applicable au cas particulier, il faut qu'il y ait une exception positive. Que dit la loi générale ? Elle dit que dans toute espèce de cas l'administration a le droit d'élever un conflit. Elle se fonde sur le principe, qu'un tribunal ne peut jamais connaître d'un acte administratif. Ainsi, du moment où il y a un acte administratif à interpréter, le tribunal est obligé de s'arrêter devant le conflit élevé, à tort ou à raison, par le préfet; il y a une peine contre le juge qui passerait outre. La justice est donc dessaisie par un conflit, quelque peu fondé qu'il soit.

« Nous voyons tous les jours devant les tribunaux des conflits élevés sans nul fondement. Permettez-moi de vous citer un exemple qui vous frappera.

« Grétry avait légué son cœur à la ville de Liége où il était né. C'était certainement une contestation bien étrangère à l'administration, que celle de savoir si le cœur de Grétry serait remis aux légataires pour être transporté à Liége. La Cour royale de Paris décide la question en faveur des légataires. Après l'arrêt, le conflit est élevé, l'autorité judiciaire est dessaisie, et l'arrêt reste sans exécution.

« Cet exemple doit vous faire sentir la nécessité d'insérer dans la loi une disposition qui interdise les conflits en matière électorale. Je vous demande si, dans cette matière même, on ne pourra pas élever un conflit avec quelque fondement. Ainsi, par exemple, il sera question d'une quotité de contributions. Le préfet dira que l'État est intéressé à ce que la quotité des contributions soit fixée, et il se fondera sur ce motif pour élever le conflit. En vain vous viendrez dire que ce conflit est élevé à tort, qu'il n'y a qu'une seule juridiction ; la Cour royale vous répondra, comme dernièrement plusieurs Cours l'ont fait : le conflit est mauvais, mais la loi est là, et nous regrettons de ne pouvoir prononcer. Voudriez-vous, messieurs, exposer des Cours de justice à passer outre, malgré le conflit élevé, comme cela est arrivé à Toulouse et à Rennes ? Non, messieurs, vous laisserez les juridictions chacune dans ses limites ; et pour cela, il est indispensable que la loi dise qu'il n'y aura jamais de conflits. C'est un jurisconsulte qui vous parle en conscience, d'après sa propre expérience, et qui est convaincu de la nécessité d'insérer dans la loi cette disposition positive. Ce ne serait, dans tous les cas, qu'une répétition : eh bien ! pour une répétition, épargnez-nous un danger. »

M. LE GARDE DES SCEAUX : « Je demande à la chambre la permission de lui soumettre quelques brièves observations sur les arguments qui viennent de lui être présentés, à l'appui de l'amendement de M. Dupin, par l'auteur même de l'amendement et par l'honorable orateur qui lui a succédé à cette tribune.

« Je prie la Chambre de remarquer d'abord que la question relative aux conflits doit être envisagée d'une manière différente, depuis que M. le ministre de l'intérieur vient de substituer, par ordre du Roi, à l'art. 17 du projet de loi, un nouvel article qui attribue aux Cours royales exclusivement, le jugement de toutes les réclamations relatives à la rédaction des listes électorales. Il ne s'agit plus désormais, comme dans le projet originairement présenté, de faire, en exécution de la loi du 5 février 1817, une part plus exacte aux deux juridictions que celle-là avait appelées à connaître de ces différends. Il n'existera à l'avenir qu'une seule juridiction compétente : or, si l'on comprend que des esprits qui poussent très-loin la défiance que leur inspire l'abus possible

que l'administration peut faire du droit qu'elle a
d'élever des conflits, pussent s'alarmer lorsque la
matière était divisée entre deux sortes de juridictions, on a peine à comprendre comment ils
chercheraient à limiter un droit dont l'exercice
lui importe si fort, ou même à le paralyser entièrement, lorsque le législateur prend soin d'écarter
tout ce qui pourrait motiver l'exercice de ce droit,
et place dans le domaine exclusif de la juridiction ordinaire, ce qui est actuellement partagé
entre elle et la juridiction administrative.

« On ne peut fonder une pareille proposition
que sur le raisonnement que vous venez d'entendre reproduire à cette tribune d'une manière
très-ingénieuse et très-habile, mais qui ne saurait,
selon moi, être accueillie par cette Chambre,
parce qu'il repose sur une supposition contraire à
toutes les règles qui doivent présider à la bonne
composition des lois.

« Avant d'aborder cette supposition, j'écar-
terai les objections qui ont été proposées contre
l'existence des conflits en général. Ce n'est pas
ici le lieu de traiter une matière aussi importante.
L'existence des conflits est liée intimement à la
constitution même de l'État : elle intéresse la
conservation de la prérogative royale, puisqu'elle
seule peut assurer les limites qui séparent l'ordre
administratif de l'ordre judiciaire ; et que si du
trône, comme d'une source commune, découlent

l'administration et la justice, il appartient au Roi de maintenir l'une et l'autre dans les limites qui lui ont été tracées par la loi.

« La séparation des pouvoirs publics importe à la fois aux intérêts généraux de l'État et aux intérêts privés des citoyens : leur confusion entraînerait de grands désordres dans la société, et pourrait devenir l'occasion de graves injustices envers les particuliers. Ce n'est donc pas incidemment qu'il faut traiter un pareil sujet.

« Quel est donc le motif spécial de la disposition que l'on réclame? On convient que le texte du projet de loi ne laissera aucun prétexte raisonnable à l'administration pour élever des conflits en matière électorale. Mais l'administration a le pouvoir indéfini d'élever des conflits; elle en a usé largement. Les tribunaux sont obligés de s'arrêter dès que le conflit est élevé : il faut une prohibition pour que l'abus devienne impossible.

« Messieurs, avec un pareil système, il faudrait proscrire absolument les conflits, ou les prohiber, précisément lorsqu'ils ne sont point à craindre, c'est-à-dire toutes les fois que la compétence des tribunaux ordinaires est clairement déterminée. La loi ne doit point présumer la mauvaise foi, ou l'intention d'abuser, dans les fonctionnaires qu'elle reconnaît ou qu'elle institue; ce seraient là des délits: elle ne se contente pas de prohiber les mauvaises actions, elle les punit.

On vous a rappelé hier une grande vérité procla-
mée par la loi romaine qui est si souvent la leçon
et l'exemple des législateurs modernes : c'est que
la législation ne doit point statuer sur ces cas
rares qui font exception à l'ordre commun, et
dont la raison et le bon sens n'admettent pas la
probabilité, sur ces cas d'exception qui peuvent
être vrais, mais ne sont pas vraisemblables. Or si
nous faisons l'application de ce principe, admet-
trez-vous, messieurs, que la loi doit prévoir que
l'administration revendiquera, comme appartenant
à sa compétence, des questions que le législateur
en aura clairement et nettement retranchées;
qu'elle se fera une arme offensive de ce qui lui a
été remis comme un bouclier; un moyen de
troubler et de frauder les élections, de la seule
ressource qui lui soit laissée pour se maintenir
dans ses attributions légitimes? Vous ne le penserez pas.

« Je vais plus loin; si l'amendement était admis, il irait au-delà du but que son auteur s'est
proposé d'atteindre. Que veut-il en effet? pré-
server de toute atteinte l'exercice des droits
électoraux, légalement reconnus, et conserver
aux Cours royales, à l'abri des entreprises de
l'administration, les attributions que nous propo-
sons de leur conférer; et si sa proposition était
admise dans sa généralité, toute espèce de conflit
deviendrait impossible, quel qu'en fût le motif,

lors même qu'une question de la compétence administrative se trouverait liée à une question électorale. Il y a plus : si une Cour royale, saisie d'un tel litige, empiétait dans son arrêt sur le contentieux administratif, le conflit ne pourrait plus être élevé; et, sous le prétexte de protéger les droits privés des électeurs, vous priveriez de leurs protecteurs naturels les intérêts généraux et collectifs des citoyens dont l'administration a la tutelle.

« Personne plus que moi n'est convaincu que les Cours royales, pénétrées de l'étendue de leurs devoirs et de l'importance de leurs fonctions, n'ont point l'intention d'étendre leurs attributions, et qu'elles observent, avec une fidélité religieuse, les lois qu'elles sont chargées d'appliquer. Mais puisque l'on veut sans cesse prévoir l'abus même improbable que l'administration peut faire de ses droits légaux, ne serait-on pas fondé à prévoir également les empiétements que pourraient se permettre dans l'avenir les corps judiciaires ? Si nous voulons consulter notre histoire, les exemples de cette tendance naturelle à toutes les corporations, d'étendre leur sphère d'activité, ne nous manqueraient peut-être pas. Les compagnies conservent soigneusement dans leur sein les anciennes traditions; elles sont animées par cet esprit de corps qui leur inspire de si grandes choses, mais qui les pousse même par sa nature à s'agrandir et à s'accroître. Personne n'en niera les avantages.

« Je crois, messieurs, d'après ces considérations, que l'amendement doit être rejeté comme inutile et dangereux. Inutile, car le projet de loi remédie, autant qu'il est possible, à l'abus des conflits, en attribuant d'une manière absolue le jugement des questions électorales aux Cours royales. Une telle attribution exclut toute prohibition d'élever le conflit, car elle exclut jusqu'à la possibilité du conflit même : l'amendement serait dangereux; car en cherchant à prévenir les entreprises de l'administration, il la laisserait sans défense.

« Remarquez, messieurs, que l'attribution que le projet de loi donne aux Cours royales est nouvelle, qu'elle touche de très-près aux matières politiques; qu'il importe par-dessus tout, pour que les tribunaux ne dégénèrent point, et pour que l'anarchie ne s'introduise pas dans l'État, que l'ordre politique et l'ordre judiciaire ne soient jamais confondus. Cette confusion tournerait, quoi qu'on en ait dit, au détriment de la prérogative royale, et, par suite, des libertés publiques.

« Cette matière, messieurs, est digne de toute votre attention; je vous prie de ne pas vous déterminer, sans une mûre réflexion, à admettre un amendement qui touche aux plus grands intérêts du pays, aux points les plus importants de notre droit public. La loi proposée rend pour ainsi dire impossible l'abus des conflits en matière électorale, puisqu'il est évident que la mauvaise foi seule, une mauvaise foi évidente, pourrait y avoir recours. En renvoyant les électeurs devant les Cours royales, elle leur assure la garantie que ne leur offrait point, relativement à l'exercice de leurs droits, la juridiction administrative. Maintenez le système du projet de loi, et vous aurez pourvu, à la fois, au bien public et à l'intérêt des citoyens. »

M. Mauguin : « La discussion qui vient de s'élever vous prouve l'utilité de l'amendement. Vous avez entendu M. le ministre de la marine et M. le garde des sceaux vous dire que l'amendement était inutile, que jamais il ne pourrait y avoir de conflit, puisque la loi ne reconnaissait qu'une juridiction, celle des Cours royales. Messieurs, l'arrêt est prononcé ; vous n'avez plus qu'à le laisser transcrire sur le registre, et ici c'est la loi ; que ce qui vient de sortir de la bouche des ministres devienne une loi pour nous, et la règle des élections.

« M. le garde des sceaux vient de dire qu'il y aurait beaucoup de danger à insérer dans la loi une disposition qui interdît les conflits ; et il a ajouté que l'administration pourrait être compromise. M. le ministre vous a indiqué par là que dans sa conscience le principe des conflits reste encore. Eh bien, c'est ce principe que nous voulons prohiber en matière électorale.

« M. le garde des sceaux a craint l'envahissement de l'autorité judiciaire. Certes, il y a de sa part quelque générosité dans cet aveu ; magistrat respecté, chef de la justice, il vient vous dire que la justice est à craindre. Permettez que je vous donne la traduction de la pensée de M. le garde des sceaux. S'il est vrai que les corps judiciaires peuvent se laisser aller à l'envahissement, il est évident qu'ils sont à craindre, et qu'alors il serait utile de prendre des précautions. Mais est-il vrai qu'alors cet envahissement soit à craindre ? Messieurs, de quoi est-il question ? Il s'agit de savoir si un électeur sera ou non inscrit sur la liste électorale. Est-ce que la couronne aura quelque intérêt à ce que tel ou tel nom soit inscrit ou non sur la liste ? D'ailleurs ne déplaçons pas la question ; n'oublions pas que dans les élections l'administration est en jugement devant le pays. Il s'agit pour le pays de savoir s'il sera délivré d'un ministère qui n'administre pas dans les intérêts généraux. Je sais que les Chambres n'ont pas la prérogative de nommer les ministres; mais elles ont un moyen de les destituer, c'est le refus du budget.

« Messieurs, lorsqu'il s'agit d'élections, il est évident que chaque électeur est appelé à donner sa voix sur l'administration; il nomme le député qui lui paraît partager son opinion à l'égard de l'administration. C'est ainsi, messieurs, que par votre seule présence vous avez renversé une administration qui répugnait au pays. L'administration a intérêt à se conserver, et pour y parvenir elle peut être amenée à fausser les élections. Ainsi vous voyez qu'il ne s'agit pas des droits de la couronne, mais des intérêts du ministère, et des moyens laissés à sa disposition pour se maintenir.

« Lorsque la couronne use du droit de dissoudre la Chambre des députés, elle agit en vertu d'un droit qui lui est propre; elle se sépare pour ainsi dire du ministère, pour interroger l'opinion publique. Vous devez donc, dans une loi électorale, vous tenir en garde contre l'influence ministérielle, contre tous les abus de pouvoir. Il faut que le jugement du pays soit pur de toute influence.

« Dans notre gouvernement représentatif, nous avons d'un côté le souverain qui, par le principe de stabilité, conserve la machine politique et lui donne la vie; de l'autre, la nation, le peuple, qui répond à l'appel du souverain dans les élections. Entre ces deux corps se trouve l'administration. Il faut que le pays puisse parler à son Roi; il faut qu'il puisse l'éclairer sur une administration infidèle. Il ne peut l'éclairer que par des élections pures, libres. Tout ce qui peut contribuer à la liberté des élections, est de l'essence d'une loi électorale. Nous devons être ici guidés par des principes spéciaux, parce que le pouvoir n'a pas, en matière d'élection, comme dans les autres matières, des intérêts conformes à ceux du pays. J'insiste pour l'amendement. »

M. le ministre de l'intérieur, après avoir repoussé la dernière opinion émise par M. Mauguin, arrivant à la question qui occupait alors la Chambre, s'est exprimé en ces termes :

« La séparation des pouvoirs est la seule conservatrice de l'ordre. Cette séparation n'existant plus, il n'y a que désordre et que confusion. C'est une vérité qui ne peut être contestée. De tout temps, la séparation des pouvoirs a été considérée comme une nécessité politique. Le principe des conflits est nécessairement la division des pouvoirs, et de là, nécessité de la maintenir; car par cela même qu'on établissait une limite, il fallait établir aussi une règle pour s'assurer que cette limite ne serait pas franchie. Les règles sur les conflits sont assurément une matière assez grave pour être traitée d'une manière spéciale. Nous nous opposons donc à ce qu'elle soit traitée d'une manière accidentelle, à l'occasion d'une loi sur les listes électorales.

« Si le projet de loi était conçu dans des termes tels que l'abus des conflits pût naître de ses dispositions, je concevrais la précaution qu'on voudrait prendre. Mais ne venons-nous pas d'écarter à ce sujet toute crainte? Nous n'avions réservé dans le projet de la loi, au Conseil d'État, que les matières les plus élémentaires, celles qui se rattachaient aux rôles des contributions; néanmoins, arrivés à cette partie de la discussion, nous avons cru pouvoir sans inconvénient renoncer à cette réserve, et nous vous avons proposé de renvoyer aux Cours royales toutes les actions tendant à contester les droits électoraux; et c'est quand nous venons vous placer à l'abri des conflits, que vous nous demandez, par une disposition exceptionnelle, et, j'ose le dire, injurieuse, que vous voulez introduire dans la loi, d'ajouter encore aux précautions, peut-être superflues, que nous avions prises nous-mêmes!... »

M. Dupin aîné : « Mon amendement n'avait rien de blessant pour personne, ni pour aucun des membres du ministère, surtout lorsque, pour ma part, je croyais leur devoir de la reconnaissance, en les voyant entrer avec tant de bonne foi et de loyauté dans le système d'un amendement désirable.

« Je n'ai pas entendu traiter une question politique, mais une question judiciaire. Je suis d'accord avec M. le garde des sceaux sur la prérogative royale, par rapport au maintien de l'ordre des juridictions; toute justice émane du Roi, la justice administrative comme la justice judiciaire.

Mais telle est la hauteur de cette position, que le Roi, dans ce partage, ne peut rien perdre. Et c'est précisément parce que toute justice émane de lui, que ce qu'il perdrait du côté de l'administration, il le regagnerait du côté de ses juges. Vous vous rappelez de la réponse du Roi à la Cour royale : « La force que je vous donne par ma puissance, vous me la rendez par votre justice. » Messieurs, la justice est un de ces biens heureux tels, que plus on lui accorde, plus elle rapporte au pouvoir.

« La prérogative royale étant en pleine sûreté, voyons de quoi il est question. S'agit-il de contester le droit de conflit en général, et de l'abolir ? Nous n'avons pas en ce moment à émettre d'opinion à cet égard. Le principe existe dans toute sa force ; et c'est parce qu'il existe avec trop d'intensité, que je crois nécessaire d'y faire une exception ; et vous savez que l'exception confirme la règle générale.

« L'objet de l'amendement est de pourvoir à un abus. Je vous demande si ce sont les Cours royales qui ont empiété sur l'administration ? Non, assurément : elles sont restées dans leur juridiction ; elles ont donné audience, toutes affaires cessantes ; elles n'ont pas mis les causes électorales au rôle pour les faire juger après les élections ; elles ont satisfait les citoyens ; elles ont rendu service au pouvoir royal, car tout le monde a dit : « Voilà la justice du Roi. »

« Je n'attaque pas notre administration ; je ne parle que de ce qu'on ne peut méconnaître. On ne peut nier qu'il y a eu des plaintes contre l'administration, exagérées peut-être ; et certes nous n'aurions pas à réclamer contre les conflits, si elle n'en avait point abusé. Vous en avez une preuve bien éclatante dans la commission qui a été instituée pour remédier à cet abus, et déterminer les cas dans lesquels les conflits pourront être élevés. Je pourrais vous citer aussi l'ouvrage de M. de Cormenin sur les conflits [1]. Je sais que l'abus des conflits a pu venir de l'ignorance des préfets. Il y a beaucoup de préfets qui n'ont pas fait leur droit; l'étude du droit n'était pas, autrefois comme aujourd'hui, de première nécessité. Les exemples ne me manqueraient pas pour faire voir que des préfets ont élevé des conflits, dans les affaires qui en étaient le moins susceptibles. Trouveriez-vous donc déraisonnable une disposition qui dirait qu'à l'avenir aucun conflit ne pourra être élevé dans des procès entre particuliers? Il en est de même de ce que je vous ai proposé. La loi établit en principe que toutes les questions électorales, que toutes les réclamations contre les décisions des préfets seront portées aux Cours royales. Ainsi, tout conflit qui

___

[1] M. Dupin a voulu probablement ici parler des *Questions de droit administratif*, par M. de Cormenin, dans lesquelles un des principaux articles est consacré aux conflits.

viendrait dépouiller une Cour royale d'une réclamation contre une décision en matière électorale,
irait contre le but de votre loi. Si le fait était impossible, je conviendrais avec vous que mon amendement est inutile ; mais comme un mauvais conflit a autant de force qu'un bon, je dis que cette
précaution n'est pas superflue.

« Messieurs, je ne prétends pas favoriser l'autorité judiciaire aux dépens de l'autorité administrative. Je vois l'ordre social tout entier. Quel
sera donc l'effet de l'arrêt rendu par une cour
royale ? Il aura pour effet ou de déclarer un électeur capable, ou un homme incapable ; il n'excé-
dera pas l'individu ; il n'y aura jamais de fait qui
puisse devenir administratif. Vous devez donc être
rassurés. Ce n'est pas par antipathie contre l'administration que je propose mon amendement, puisque les Cours royales ont la connaissance de toutes
les affaires en matière électorale. »

Malgré cette insistance de deux habiles jurisconsultes pour que la loi contienne textuellement
la prohibition des conflits en matière électorale, la
majorité de la Chambre rejeta cet amendement,
convaincue que les explications données par MM.
les ministres empêcheraient à l'avenir toute espèce de conflit en ces matières.

Or, pour que l'on puisse ici reconnaître quelle
a été, à cet égard, l'étendue du bienfait que nous
devons à la loi du 2 juillet 1828, nous rappellerons

le passage suivant du discours de M. le duc de Cazes, prononcé à la chambre des pairs, dans sa séance du 18 juin : « Par suite du pouvoir exorbitant des conflits, on vit le Conseil d'État attirer à lui, sous prétexte de l'impôt, presque toutes les questions électorales. L'abus en était venu au point que sur quatre-vingt-quinze ordonnances rendues en ces matières, huit seulement ont été classées dans le tableau fourni à la commission, comme se rapportant à des difficultés relatives aux impositions. Encore serait-il plus exact de dire qu'aucun n'intéressait réellement l'assiette ou la répartition de l'impôt, puisqu'il s'agissait seulement de savoir si des propriétaires de maisons affranchies d'impôt pouvaient faire valoir des impôts qu'ils ne payaient pas ; si des droits d'octroi substitués, dans certaines villes, à des impositions directes, pouvaient en tenir lieu pour conférer le droit électoral ; enfin, lequel du propriétaire ou du locataire devait être admis à présenter l'impôt des portes et fenêtres. »

ART. IV.

Hors le cas prévu ci-après par le dernier paragraphe de l'art. VIII de la présente ordonnance, il ne pourra jamais être élevé de conflit après des jugements rendus en dernier ressort ou acquiescés, ni après des arrêts définitifs.

Néanmoins le conflit pourra être élevé en cause d'appel, s'il ne l'a pas été en première instance, ou s'il l'a été irrégulièrement après les délais prescrits par l'art. VIII de la présente ordonnance.

Sous l'empire de la législation antérieure, il est arrivé plusieurs fois que des conflits ont été élevés depuis l'exploit d'assignation jusqu'après des arrêts de la Cour de cassation.

Il faut remarquer cependant que ce dernier abus ne s'est pas manifesté postérieurement à 1814 ; mais, depuis cette époque, l'opinion que le conflit pourrait avoir lieu après un arrêt de Cour royale, et pendant toute la durée du délai nécessaire pour le pourvoi en cassation, semblait avoir prévalu au Conseil d'État.

On trouve, il est vrai, une ordonnance du 6 février 1815, ainsi motivée :

« Considérant que le conflit d'attribution ne peut être élevé que sur une contestation existante ;

« Qu'ainsi les lois et arrêtés relatifs aux conflits ne sont point applicables aux contestations terminées par des jugements ou arrêts qui ont acquis l'autorité de la chose jugée ;

« Que les jugements de première instance rendus en dernier ressort, et les arrêts des Cours rendus contradictoirement, sont empreints de ce caractère au moment même où ils sont prononcés, etc. »

Mais cette sage doctrine n'a pas tardé à être abandonnée, et le Conseil d'État était revenu à l'opinion que le conflit pouvait être élevé dans les délais du pourvoi en cassation ; c'est ce qui résulte d'une ordonnance du 4 septembre 1822, rendue sur un conflit, au sujet d'un arrêt de la Cour royale de Paris, et portant que « le conflit peut être élevé tant qu'il reste encore un moyen de faire réformer les jugements ou arrêts intervenus ; que s'il l'a été avant l'expiration des délais du pourvoi en cassation, il a été élevé en temps utile pour faire cesser toute procédure judiciaire, jusqu'à ce qu'il ait été statué par le Roi en Conseil d'État. »

La commission fut unanimement d'accord qu'il fallait proscrire un système au moyen duquel on prolongeait indéfiniment des débats, lorsque la lutte judiciaire était terminée.

Mais ce n'était point assez d'exprimer que le conflit ne pourrait jamais être élevé après des jugements rendus en dernier ressort, ou des arrêts définitifs.

Le même motif devait aussi faire interdire à l'autorité administrative la faculté d'obliger des parties à plaider de nouveau, dans le cas où, d'elles-mêmes, elles auraient *acquiescé* à un jugement en premier ressort. L'introduction de cette expression dans l'ordonnance doit donc être considérée comme une utile innovation.

L'examen du dernier paragraphe de l'article trouvera sa place lorsque nous nous occuperons de l'art. viii auquel il se réfère.

ART. V.

A l'avenir le conflit d'attribution ne pourra être élevé que dans les formes et de la manière déterminées par les articles suivants.

ART. VI.

Lorsqu'un préfet estimera que la connaissance d'une question portée devant un tribunal de première instance est attribuée, par une disposition législative, à l'autorité administrative, il pourra, alors même que l'administration ne serait pas en cause, demander le renvoi de l'affaire devant l'auto-torité compétente. A cet effet, le préfet adressera au procureur du Roi un mémoire dans lequel sera rapportée la disposition législative qui attribue à l'administration la connaissance du litige.

Le procureur du Roi fera connaître, dans tous les cas, au tribunal la demande formée par le préfet, et requerra le renvoi si la revendication lui paraît fondée.

Cet article est l'un de ceux qui contiennent des dispositions entièrement nouvelles sur les conflits.

Pour mieux faire saisir en quoi consiste cette innovation, il faut rappeler en peu de mots la manière dont on procédait jusqu'ici en cette ma-tière.

Un préfet apprenait, soit par une partie inté-ressée, soit par le bruit public, ou par toute autre voie, qu'une affaire, qui lui paraissait adminis-trative, était soumise à la connaissance d'un tribu-nal; il prenait aussitôt un arrêté au moyen duquel il requérait qu'il fût sursis au jugement jusqu'à la décision du Conseil d'État, sur la question de compétence.

Cet arrêté de conflit, communiqué au tribunal par le ministère public, paralysait son action;

et sans que le juge eût été mis à même de prononcer sur sa compétence, il se voyait ainsi enlever violemment une cause qu'il aurait peut-être renvoyée lui-même devant l'autorité administrative, s'il eût été averti des difficultés relatives à la compétence.

Il est impossible de nier qu'il n'y eût dans cette manière de procéder oubli de toutes les formes judiciaires, et même violation de toutes les convenances sociales.

On savait d'ailleurs que les préfets étaient les agents passifs des ministres, et sans aucune indépendance personnelle : comment auraient-ils pu résister à des ordres partis de plus haut ?

Le conflit, tel qu'il était organisé, favorisait donc l'arbitraire, blessait les juges dans leur amour-propre, méprisait les droits des citoyens.

La première pensée qui s'offrit à plusieurs membres de la commission, fut d'enlever aux préfets le droit d'élever le conflit, pour le déposer entre les mains des procureurs-généraux.

« Les abus en matière de conflit, disait un vénérable magistrat, proviennent principalement de l'arbitraire au gré duquel ou se permet de les élever; la source du mal est dans l'arrêté du 13 brumaire an x. Cet arrêté est remarquable par l'espèce de défiance insultante qu'il montre aux autorités judiciaires. A la moindre apparence d'*intérêt administratif* dans une affaire, le ministère public doit s'opposer à ce que le tribunal en connaisse. Si le tribunal ne défère pas à la réquisition du ministère public, celui-ci doit avertir le préfet pour faire élever un conflit; et dans ce cas le tribunal ne peut plus prononcer, à peine de nullité, ou bien à peine d'être mandé *à la suite du Conseil d'État*, ou encore *à peine de flétrissure correctionnelle.*

« Presque toujours le préfet élève le conflit à la sollicitation de la partie assignée; et, sur un faux exposé, le procès le plus important, celui dont la décision est la plus urgente, peut être suspendu, pour long-temps, s'il plaît au préfet local d'élever, sur la demande du ministère public, ou de la partie intéressée, ou même d'office, un conflit qui neutralise les tribunaux.

« Et cependant, c'est avec raison qu'on s'élève contre l'ignorance des préfets en matière de droit civil. Le meilleur moyen de remédier à un pareil désordre serait donc de confier au seul ministère public le pouvoir d'élever le conflit.

« Les gens du Roi, magistrats zélés, instruits, attachés à un corps dont la marche est régulière, et qui ne voient que la loi, offriraient toute garantie pour les deux autorités judiciaire et administrative, mais notamment pour le gouvernement dont ils sont les sentinelles vigilantes près les tribunaux. »

L'honorable membre établissait ensuite la diffé-rence qui existe entre le ministère public d'autre-fois et celui d'aujourd'hui, et il ajoutait que le droit donné au procureur-général exclusivement d'élever le conflit contre l'opinion que la Cour aurait manifestée de sa compétence, ne serait pas plus extraordinaire que celui qu'il a de se pourvoir en cassation des arrêts.

Il y aurait donc de grands avantages à enlever aux préfets le droit exclusif d'élever le conflit pour le remettre entre les mains des procureurs généraux, et les abus diminueraient au point que les conflits se trouveraient réduits de plus de moitié.

Ce système ne resta pas sans réponse, et un membre qui occupe le premier rang du parquet pensa que l'on pourrait craindre, en confiant au ministère public le droit d'élever le conflit, de changer la nature de ses fonctions. Ces ma-gistrats, en effet, procèdent toujours par voie de *réquisition*, et non par voie de *veto*. En leur donnant ainsi une puissance en quelque sorte tribunitienne, ne parviendrait-on pas à relâcher les liens qui doivent exister entre eux et les au-tres magistrats? Cette dernière considération pa-raît si puissante, qu'il est de fait que les cas prévus par les trois premiers articles de l'arrêté du 13 brumaire an x n'ont jamais reçu d'exécution.

Un autre inconvénient s'élevait encore, dans la

pensée de l'honorable membre, contre le système proposé.

Effectivement, en adoptant la mesure dont il s'agit, on établirait des rapports trop directs entre le ministère public et le gouvernement; on ôterait par là l'indépendance des procureurs généraux; d'un autre côté, le ministère public ne pourrait, le plus ordinairement, agir qu'autant qu'il serait averti par les ministres du Roi; car il ne saurait être au courant des affaires de l'administration comme les préfets. Il pourrait donc en résulter de grands inconvénients dans les cas d'urgence.

Un autre membre de la commission repoussa, par des motifs différents, l'idée de remettre au ministère public le droit d'élever le conflit.

Suivant lui, le premier principe à examiner lorsqu'on délègue un droit, c'est de considérer l'intérêt de la personne à qui la délégation est faite, dans l'exercice même de ce droit. Or, si l'on recherche quel est celui, du préfet ou du procureur général, qui aura le plus d'intérêt à conserver intactes les prérogatives de l'administration, on demeurera convaincu que le premier est dans une position plus favorable pour cet objet. En effet, on peut prendre pour exemple les desséchements de marais. La loi veut que le gouvernement ait le droit de faire dessécher les marais d'autrui par un tiers. Dans un cas semblable, qui est-ce qui aura le plus d'intérêt à conserver le droit de l'administration ? Le procureur du Roi n'aura dans cette matière aucun exercice d'autorité ; le préfet au contraire peut faire un grand bien à ses administrés, en obtenant des desséchements de marais ; il acquerra par là des titres à l'estime publique, et pourra espérer de voir son nom placé à côté de celui des anciens intendants de province qui s'étaient acquis le plus d'honneur en ce genre. Il en serait de même pour ce qui concerne les routes. Il est de toute évidence qu'un préfet a plus d'intérêt qu'un procureur général à ce que les routes de son département soient en bon état. Il apportera donc plus de vigilance à ce qu'au moyen du conflit l'administration conserve la compétence qui lui est attribuée en ces diverses matières.

Mais, sans se prononcer sur le fond de cette question, la commission dut, en se conformant aux termes de son mandat, laisser aux préfets un droit qu'ils tiennent de l'arrêté du 13 brumaire an x, et qu'on ne peut leur enlever qu'au moyen d'une loi.

On chercha donc comment on pourrait établir des garanties, tout en respectant la législation existante.

Un membre proposa alors d'obliger le préfet à faire plaider le déclinatoire devant le tribunal saisi ; et ce ne serait qu'autant que ce tribunal se déclarerait compétent, par un jugement motivé, que le conflit pourrait être élevé par un arrêté également motivé.

Pour mettre à exécution ce projet, il suffirait que le préfet envoyât au procureur du Roi, près le tribunal saisi, un mémoire dans lequel la revendication serait développée : le procureur du Roi serait tenu de donner connaissance de ce mémoire au tribunal, et, s'il croyait fondée la prétention de l'autorité administrative, il soutiendrait l'incompétence du tribunal; autrement il serait libre de conclure à ce que la cause fût retenue.

Ce système aurait pour effet, d'abord de mettre le tribunal à même de prononcer sur sa propre compétence; car pourquoi lui retirer immédiatement la connaissance d'une cause qu'il renverrait peut-être volontairement devant l'autorité administrative?

Ensuite, les préfets seraient plus circonspects dans leur manière d'élever un conflit. Après des débats contradictoires et solennels sur la question de compétence, en présence d'un jugement motivé, obligés de motiver eux-mêmes leurs arrêtés de conflit, non pas vaguement, mais avec précision, comment croire qu'on pourrait voir renaître ces conflits absurdes dont le moindre inconvénient était de prolonger indéfiniment les procédures, et de faire supporter des frais frustratoires aux parties?

L'un des grands avantages que présenterait ce système, s'il était adopté, serait de rendre les conflits impossibles dans les matières où les juges de paix et les tribunaux de commerce prononcent en dernier ressort, puisque ces juridictions n'ont point de ministère public à qui le préfet puisse transmettre son mémoire en revendication.

Ce n'est point implicitement que la commission a entendu bannir de la législation les conflits en ces matières. Elle s'est livrée à une controverse animée sur cette grande question, et la majorité a pensé que les cas dans lesquels les juges de paix prononcent sans appel, sont trop minimes pour que le gouvernement ait un intérêt réel à en attirer à lui la connaissance; et quant aux matières commerciales, la seule idée d'un conflit pourrait jeter la terreur parmi ceux qui se livrent à ces transactions si utiles pour la prospérité de l'État. Aussi la commission a-t-elle formellement annoncé dans l'avis proposé par M. de Cormenin, qu'elle a présenté au gouvernement, qu'elle considérait la suppression des conflits dans ces deux cas, comme une importante amélioration. Il est cependant évident qu'il ne s'agit que des jugements rendus en dernier ressort par les juges depaix et les tribunaux de commerce, puisqu'en appel il existe un ministère public auquel le préfet peut transmettre son mémoire en revendication.

C'est donc à tort que M. Duvergier, dans sa note sur l'art. VI, pense que dans le cas où il s'agirait d'une procédure devant le juge de paix ou devant un tribunal de commerce, prononçant sans appel, le préfet devrait observer toutes les formalités qui sont praticables, malgré l'absence d'un ministère public ; qu'en conséquence si l'administration est en cause, elle devra proposer le déclinatoire, avant d'élever le conflit ; que même, lorsqu'elle ne sera pas partie au procès, elle devra adresser son mémoire au tribunal, et attendre sa décision sur la compétence, avant de recourir à la voie extrême du conflit.

« Le vœu de l'ordonnance, ajoute M. Duvergier, est que désormais l'autorité judiciaire ne soit plus brutalement dessaisie par un arrêté de conflit aussi impérieux qu'inattendu, et que préalablement les tribunaux soient mis à même de juger la question de compétence : de ce que le procureur du Roi sera ordinairement l'intermédiaire entre le préfet et les tribunaux, on ne peut conclure que la formalité préalable doive être négligée, par cela seul que le tribunal saisi n'aura pas près de lui un magistrat remplissant les fonctions du ministère public.

Nous le répétons, il y a ici une erreur évidente.

La commission a entendu abroger entièrement le conflit dans les matières où les juges de paix et les tribunaux de commerce prononcent en dernier ressort [1].

Nous avons exposé l'esprit général dans lequel a été rédigé l'art. VI du projet soumis par la commission au gouvernement.

Ce projet fut adopté après un mûr examen, et il a reçu la sanction royale. Nous verrons, par les articles suivants de l'ordonnance, quels sont les ressorts employés pour mettre ce mécanisme en mouvement.

Mais avant de passer à l'examen de ces articles, nous devons parler de ce qui a eu lieu dans le sein de la commission, relativement au droit que peut avoir le préfet de police, en matière de conflit.

Un membre émit l'avis que le droit d'élever le conflit fût retiré au préfet de police. Il ne paraît pas en effet qu'il en ait joui avant l'ordonnance du 18 décembre 1822, qui lui reconnut cette faculté sur ce qu'il est chargé, à Paris, d'une partie de l'administration départementale, et qu'il exerce ses fonctions sous l'autorité immédiate des ministres. La partie de l'autorité départementale déléguée à cet administrateur est extrêmement faible;

---

[1] Le Conseil d'État vient d'adopter cette opinion pour ce qui concerne les jugements de juges de paix. Voir l'ordonnance royale du 3 décembre 1828.

car les véritables fonctions qu'il exerce dans le ressort de sa préfecture, sont celles qui appartiennent à la police municipale et qui consistent à maintenir la sûreté, la propreté et la salubrité dans la cité. Ce sont là toutes ses fonctions, hors quelques attributions qui lui ont été déléguées relativement à la police de la rivière. Il en résulte qu'il n'y a pas plus de raison pour lui donner le droit d'élever le conflit, que pour le donner au maire d'une commune quelconque. D'ailleurs, il y aurait plus d'unité à ne reconnaître ce droit qu'aux préfets de département; et s'il arrivait qu'à Paris le préfet de police eût besoin de faire élever un conflit, il s'adresserait pour cet objet au préfet du département.

Cette opinion fut combattue. On fit valoir pour le préfet de police, qu'il a des attributions préfectorales fort étendues. Il est donc nécessaire de lui laisser la prérogative du conflit, dans les cas où ce droit lui a été reconnu. Ainsi, en matière d'ateliers dangereux, insalubres ou incommodes, les ordonnances réglémentaires lui ont accordé la faculté de donner les autorisations nécessaires pour établir ceux de ces ateliers qui sont rangés dans les deuxième et troisième classes. Comment donc ne pourrait-il pas élever le conflit, si les tribunaux venaient à être saisis d'une question relative à ces établissements ?

La commission ne prit aucune détermination

précise sur cette question. Seulement il est à observer que, dans le projet d'ordonnance qu'elle soumit au gouvernement, l'article correspondant à celui dont nous nous occupons portait ces termes : « Lorsqu'une question attribuée par la loi à l'administration sera portée devant un tribunal de première instance, le préfet du département.... »

Si ces expressions eussent été conservées dans l'ordonnance royale, on aurait pu en induire qu'aux préfets de départements seuls était réservé le droit d'élever le conflit; mais le gouvernement les ayant modifiées, on peut au contraire en tirer la conséquence qu'il a entendu laisser, en ce point, les choses comme elles étaient antérieurement.

ART. VII.

Après que le tribunal aura statué sur le déclinatoire, le procureur du Roi adressera au préfet, dans les cinq jours qui suivront le jugement, copie de ses conclusions ou réquisitions, et du jugement rendu sur la compétence.

La date de l'envoi sera consignée sur un registre à ce destiné.

Une fois que l'on eut admis le principe qu'avant de dessaisir un tribunal, le préfet devait faire plaider devant lui la question d'incompétence, il fallait trouver le moyen d'informer cet administrateur du jugement qui interviendrait.

Le procureur du Roi était l'agent le plus propre à remplir cette formalité, puisque c'est à lui que le préfet est obligé d'envoyer son mémoire en revendication.

Il était nécessaire aussi de limiter le délai dans lequel le jugement du tribunal et les conclusions du ministère public seraient envoyés au préfet. Ce délai a été fixé à cinq jours.

Il est facile de voir quel motif a porté la commission à donner communication au préfet des conclusions du ministère public.

Ainsi qu'on l'a vu plus haut, le procureur du Roi n'est point forcé d'adopter l'avis du préfet, relativement à la compétence. Il n'est tenu que de donner communication au tribunal, du mémoire en revendication.

Or, de deux choses l'une : ou le procureur du Roi partagera l'opinion que l'affaire est du ressort de l'autorité administrative ; alors ses conclusions développées pourront servir au préfet, dans la rédaction des motifs de son arrêté de conflit ; ou, au contraire, le procureur du Roi croira que l'affaire appartient à la compétence des tribunaux ordinaires, et dans ce cas ses conclusions également

ment développées pourront éclairer le préfet, et le porter à se désister de ses prétentions.

Du reste, cet article ne saurait souffrir aucune difficulté dans l'application.

ART. VIII.

Si le déclinatoire est rejeté, dans la quinzaine de cet envoi pour tout délai, le préfet du département, s'il estime qu'il y ait lieu, pourra élever le conflit. Si le déclinatoire est admis, le préfet pourra également élever le conflit dans la quinzaine qui suivra la signification de l'acte d'appel, si la partie interjette appel du jugement.

Le conflit pourra être élevé dans ledit délai, alors même que le tribunal aurait, avant l'expiration de ce délai, passé outre au jugement du fond.

Cet article prévoit le double cas où le déclinatoire serait rejeté et où il serait admis.

S'il est rejeté, c'est-à-dire si le tribunal, nonobstant la revendication du préfet, déclare que l'affaire est du ressort de l'autorité judiciaire, le conflit pourra être élevé dans la quinzaine de l'envoi, qui aura été fait au préfet, du jugement et des conclusions du procureur du Roi.

Si au contraire le tribunal s'est déclaré incompétent, et a ordonné le renvoi devant l'autorité administrative, alors il pourra y avoir appel de la part de la partie qui aura succombé ; mais le préfet aura le droit d'élever le conflit dans le même délai de quinzaine.

On a demandé ce qui arriverait si, malgré l'arrêté du préfet, le tribunal qui se serait déclaré compétent passait outre, et prononçait sur le fond de la contestation.

Il est indubitable, dans ce cas, que si le Conseil d'État reconnaît le conflit valable, le jugement sur le fond et tout ce qui s'en serait suivi deviendrait nul de plein droit, *ratione materiæ*.

C'est ce qui résulte d'ailleurs du dernier paragraphe de l'art. VIII.

La rédaction claire et précise de cet article ne permet pas de croire qu'il y ait jamais de difficultés sur son application.

ART. IX.

Dans tous les cas, l'arrêté par lequel le préfet élèvera le conflit et revendiquera la cause, devra viser le jugement intervenu et l'acte d'appel, s'il y a lieu; la disposition législative qui attribue à l'administration la connaissance du point litigieux, y sera textuellement insérée.

La partie la plus importante de cet article est celle qui oblige le préfet à insérer textuellement dans son arrêté de conflit la disposition législative qui attribue, suivant lui, à l'administration, la connaissance du point litigieux.

La commission n'a pas voulu, en effet, que le préfet pût se fonder vaguement sur la loi du 24 août 1790, sur celle du 21 fructidor an III, ou sur l'arrêté du 13 brumaire an x, pour motiver un arrêté de conflit. Il faudra donc que le préfet rapporte nettement la loi qui aura attribué la matière dont il s'agit, à l'administration.

On s'est servi de l'expression *disposition législative*, pour qu'il ne pût pas y avoir d'équivoque sur le texte en vertu duquel on prétend que telle matière peut appartenir à l'administration.

La commission a pensé que si elle mettait *la loi*, on pourrait croire qu'elle a entendu rejeter les arrêtés et décrets qui règlent plusieurs de ces matières ; tandis que dans la pensée qui animait la majorité de ses membres, les décrets du précédent gouvernement, qui sont encore en vigueur, ont la force législative.

ART. X.

Lorsque le préfet aura élevé le conflit, il sera tenu de faire déposer son arrêté et les pièces y visées au greffe du tribunal.

Il lui sera donné récépissé de ce dépôt sans délai et sans frais.

Dans le cas où le conflit serait élevé par le préfet, il fallait trouver un moyen d'en informer légalement le tribunal pour qu'il ne passe pas outre, et qu'il puisse ordonner qu'il soit sursis sur le fond.

Le moyen le plus simple d'arriver à ce résultat, c'était de prescrire au préfet de faire déposer au greffe du tribunal les arrêtés et les pièces y visées, à la charge par le greffier de lui en donner récépissé.

Il serait difficile de prévoir les difficultés que l'application de cet article pourrait amener.

ART. XI.

Si, dans le délai de quinzaine cet arrêté

n'avait pas été déposé au greffe, le conflit ne pourrait plus être élevé devant le tribunal saisi de l'affaire.

Sur cet article on pourra demander si le délai de quinzaine qui s'y trouve mentionné est le même que celui dont parle l'article VIII de l'ordonnance.

Nous n'hésitons pas à nous prononcer pour l'affirmative.

D'abord l'un des principaux remèdes que le gouvernement a voulu apporter aux abus du conflit, par le réglement dont nous nous occupons, c'est d'empêcher que les longs délais auxquels il avait souvent donné lieu jusqu'ici, puissent se renouveler. Or, le délai de quinzaine, tant pour élever le conflit que pour en donner communication, a dû paraître suffisant.

Ensuite, dans le projet d'ordonnance préparé par la commission et remis à M. le garde des sceaux, on lisait ces expressions : *si dans ce délai de quinzaine*, etc. Cependant l'ordonnance, telle qu'elle a été insérée au bulletin des lois, porte : *si dans le délai*, etc.

Il faut présumer que ce léger changement de rédaction est plutôt l'effet d'une erreur que le résultat d'une combinaison qui aurait pour effet de laisser au préfet le délai d'un mois, tant pour élever le conflit que pour en donner communication au tribunal.

La disposition de l'article dont nous nous occupons, qui porte que, passé ce délai, le conflit ne pourrait plus être élevé devant le tribunal saisi de l'affaire, montre assez que, par ce retard, le droit du préfet ne serait périmé que devant les premiers juges, et qu'il pourrait renaître sur l'appel.

Un vénérable et savant jurisconsulte qui faisait partie de la commission, s'est élevé avec force contre cette disposition; il lui a paru qu'elle pourrait renouveler des abus en prolongeant ainsi le délai nécessaire pour élever le conflit, et que, dans la réalité, il arriverait fort souvent ou que le préfet ne prendrait pas d'arrêté après le jugement de première instance, ou qu'il attendrait que l'affaire fût portée en cour d'appel.

Mais la majorité n'a pas partagé cette opinion. La commission, d'une part, n'a pas voulu trop restreindre le droit du gouvernement, et de l'autre n'a pu croire que le préfet eût intérêt d'attendre qu'une cause fût portée en appel pour prendre un arrêté de conflit.

ART. XII.

Si l'arrêté a été déposé au greffe en temps

utile, le greffier le remettra immédiatement
au procureur du Roi, qui le communiquera
au tribunal réuni dans la chambre du conseil, et requerra que, conformément à l'article XXVII de la loi du 21 fructidor an III, il
soit sursis à toute procédure judiciaire.

On a vu plus haut que *le temps utile* est le délai de quinzaine, à partir du rejet du déclinatoire,
dans lequel le préfet doit faire déposer au greffe
du tribunal son arrêté de conflit.

La commission a pensé que la communication
de cet arrêté devait être faite par le procureur du
Roi, *au tribunal réuni dans la chambre du conseil.* C'est un motif de convenance et d'égards pour
la magistrature qui l'a portée à adopter cette disposition.

En effet, on fit observer qu'il était dérisoire que
ce fût en audience publique, et au moment où les
juges sont saisis d'une affaire, que l'on vînt ainsi
leur en arracher la connaissance. Il a donc paru
beaucoup plus convenable d'obliger le ministère
public à communiquer l'arrêté de conflit au tribunal réuni dans la salle du conseil.

Cette explication était nécessaire pour qu'on ne
crût pas que c'était dans le but de restreindre la
publicité des affaires, que la commission avait
adopté cette disposition.

ART. XIII.

Après la communication ci-dessus, l'arrêté du préfet et les pièces seront rétablis au greffe, où ils resteront déposés pendant quinze jours. Le procureur du Roi en préviendra de suite les parties ou leurs avoués, lesquels pourront en prendre communication sans déplacement, et remettre dans le même délai de quinzaine, au parquet du procureur du Roi, leurs observations sur la question de compétence, avec tous les documents à l'appui.

Ainsi qu'on le verra lorsque nous examinerons les dispositions de l'art. xv, la nouvelle ordonnance établit, en matière de conflits, contrairement à plusieurs réglements antérieurs, le droit des parties à intervenir pour défendre la compétence des tribunaux ordinaires.

Dès-lors, il était nécessaire de donner communication aux intéressés, de l'arrêté de conflit et des pièces à l'appui.

L'article dont nous nous occupons a pour but de pourvoir à cette nécessité.

Il veut qu'après la communication donnée par le procureur du Roi au tribunal, réuni dans la chambre du conseil, l'arrêté de conflit et les pièces qui l'accompagnent soient rétablis au greffe, où ils doivent rester déposés pendant quinze jours.

Le procureur du Roi sera tenu de prévenir de suite les parties ou leurs avoués, de l'existence de l'arrêté de conflit et de son dépôt au greffe. Alors on pourra en prendre communication sans déplacement, et remettre dans le même délai de quinzaine, au parquet du procureur du Roi, les observations sur la question de compétence avec tous les documents à l'appui.

La commission avait d'abord pensé que c'était au greffe du tribunal qu'il convenait de faire déposer les observations des parties. Mais un membre ayant fait observer qu'il était d'usage dans les greffes de prendre un droit pour ces sortes de dépôt, et que les frais occasionés par les procès étaient déjà assez considérables pour qu'on n'en établît pas de nouveaux, cette observation a été accueillie, et on a préféré indiquer le parquet, comme le lieu où cette formalité devrait être remplie, pour éviter les inconvénients dont il vient d'être question. Ce changement au premier projet a paru d'autant plus convenable, que c'est le procureur du Roi qui est chargé de transmettre les observations des parties, avec l'arrêté de conflit et les pièces, au ministère de la justice.

ART. XIV.

Le procureur du Roi informera immédiatement notre garde des sceaux, ministre secrétaire d'État au département de la justice, de l'accomplissement desdites formalités, et lui transmettra en même temps l'arrêté du préfet, ses propres observations et celles des parties, s'il y a lieu, avec toutes les pièces jointes.

La date de l'envoi sera consignée sur un registre à ce destiné.

Dans les vingt-quatre heures de la réception de ces pièces, le ministre de la justice les transmettra au secrétariat général du Conseil d'État, et il en donnera avis au magistrat qui les lui aura transmises.

Cet article est de pure exécution; il prescrit les formalités qui doivent être accomplies depuis que les parties ont été mises en demeure de produire leurs observations, jusqu'à la transmission des pièces au secrétariat général du Conseil d'État. Tout y a été prévu de manière qu'il n'y ait point de perte de temps. Ainsi, le ministre de la justice est obligé de transmettre les pièces au Conseil d'État dans les vingt-quatre heures; et, parvenues à leur destination, on verra par l'article suivant quelle amélioration la nouvelle ordonnance apporte à l'instruction des conflits.

ART. XV.

Il sera statué sur le conflit au vu des pièces ci-dessus mentionnées, ensemble des observations et mémoires qui auraient pu être produits par les parties ou leurs avocats, dans le délai de quarante jours, à dater de l'envoi des pièces au ministère de la justice.

Néanmoins, ce délai pourra être prorogé, sur l'avis du Conseil d'État et sur la demande des parties par notre garde des sceaux; il ne pourra en aucun cas excéder deux mois.

Plusieurs dispositions de cet article méritent des développements.

On y voit d'abord le respect que l'ordonnance apporte au droit reconnu aux parties d'intervenir dans le jugement des conflits, et de mettre sous les yeux du Conseil d'État les observations qu'elles croient devoir lui présenter dans leur intérêt.

Cette disposition est plus remarquable que l'on pourrait le croire au premier aperçu.

En effet, le droit de défense, en matière de conflit, n'a pas toujours été reconnu aux parties.

Un décret du 11 janvier 1808 rejeta l'opposition formée à un décret rendu sur conflit, sans que la partie y eût figuré. Ce décret porte : « qu'elle (la partie) prétendait à tort avoir été condamnée par défaut, attendu qu'en matière de conflit les décisions sont d'intérêt public ; qu'elles ne jugent que la compétence, sans préjudicier aux droits des parties, et qu'ainsi il n'y a pas lieu à communication. »

Le même principe fut confirmé par un décret du 24 avril 1808, portant : « que les décrets, ne réglant que des points de compétence, ne sont pas susceptibles d'opposition. »

Mais la jurisprudence ne tarda pas à changer ; et un décret du 4 novembre 1811, rendu sur la proposition de la commission du contentieux, porte que : « le réglement du 22 juillet 1806, en accordant aux parties la voie de l'opposition contre les décisions rendues par défaut en matière contentieuse, ne fait point d'exception lorsqu'il s'agit de prononcer sur un conflit d'attribution entre l'autorité judiciaire et l'autorité administrative. »

L'ordonnance du 29 juin 1814, qui organisa le Conseil d'État, remit, par son art. ix, exclusivement au comité du contentieux l'instruction des conflits, et ne les distingua pas des autres affaires du contentieux administratif.

Aussi, depuis cette époque, les conflits furent-ils toujours donnés en communication aux parties qui pouvaient présenter leurs moyens de défense par le ministère d'un avocat aux conseils; et lorsque cette communication n'avait pas eu lieu, elles étaient admises à y former opposition.

Tel était l'état des choses, lorsqu'en 1821, les comités de législation et du contentieux furent consultés par le ministre des finances sur la question de savoir si une ordonnance royale, qui aurait réglé un conflit d'attribution, devait ou non être soumise au droit d'enregistrement imposé par la loi du 28 août 1816, sur toute ordonnance rendue en matière contentieuse.

Nous allons rapporter ici le texte de cet avis, d'abord parce qu'il n'a pas été inséré au *Bulletin des lois*, et ensuite parce qu'il contient des principes importants sur la manière dont le conflit était envisagé par le gouvernement, à cette époque.

« Les comités réunis sont unanimement d'avis que la question de savoir si le droit d'enregistrement est dû sur l'ordonnance dont il s'agit, tient à celle de savoir si les ordonnances rendues en matière de conflit peuvent être considérées comme des jugements et arrêts;

« Considérant que l'on ne peut comprendre sous cette dénomination que les décisions rendues sur des intérêts privés, avec des formes judiciaires, et par conséquent sur demande introduite par une partie jugée contradictoirement avec une autre partie citée pour se défendre;

« Que l'on reconnaît ce caractère dans toutes les ordonnances rendues sur l'avis du Conseil d'État, au sujet de recours exercés contre les arrêtés des conseils de préfecture et les décisions ministérielles, puisque ces ordonnances jugent réellement des procès, et les jugent suivant les formes usitées pour l'instruction des procès; mais qu'aucun de ces caractères ne se rencontre dans les ordonnances relatives aux conflits;

« Qu'en effet, 1° les conflits ne forment pas une contestation entre particuliers, mais entre les deux autorités publiques, administrative et judiciaire, qui chacune revendiquent la même affaire, ou refusent de la juger;

« 2° Que, dans ces sortes de débats, il ne s'agit ni d'intérêts privés, ni de l'application des lois civiles, mais du maintien de l'ordre public et de l'exécution des lois constitutionnelles;

« 3° Qu'aussi ces affaires ne sont introduites ni par requête, ni par citation, le Conseil d'État ne pouvant être saisi que par le gouvernement lui-même , qui seul a le droit de déférer à son examen l'arrêté de conflit ;

« 4° Que ces affaires sortent tellement de la classe des procès, que jusqu'en 1806 elles ont été instruites et décidées sans le concours des parties, sans qu'elles aient pu prendre part à la discussion , et déterminer la décision à intervenir ;

« Qu'il est donc évident que le droit de prononcer sur les conflits, entre l'administration et les tribunaux est une des prérogatives de la puissance royale , dont l'objet est de maintenir la division des pouvoirs établis par la Charte , et de réprimer, dans l'intérêt du trône, toute invasion des autorités secondaires ; et par conséquent, que les ordonnances rendues en cette matière sont des actes de haute administration, qui , de leur nature, par leurs effets et dans l'ordre constitutionnel , ne peuvent être assimilés à des arrêts, ni être passibles du droit d'enregistrement ;

« Vainement la régie oppose que la Cour de cassation prononce comme le Conseil d'État sur le conflit ; que les actes de la Cour de cassation relatifs aux conflits sont bien certainement des arrêts soumis à l'enregistrement ; qu'il en doit par conséquent être de même des ordonnances que le Roi rend en cette matière , de l'avis de son conseil ;

« Qu'à cette objection , on répond que la Cour de cassation ne prononce que sur les conflits élevés entre les tribunaux et les juges d'instruction ;

que son pouvoir étant borné à maintenir la hiérarchie dans l'ordre judiciaire, ses actes, sans aucune
influence sur l'administration de l'État, ne peuvent
être considérés comme administratifs; que de leur
nature, comme dans leur forme extérieure, ils ont
un caractère purement judiciaire, et ne sont que
des arrêts;

« Mais que le Roi, lorsqu'il prononce sur les conflits, exerce un pouvoir beaucoup plus étendu;
que devant le Roi il ne s'agit pas, comme devant
la Cour de cassation, d'un réglement de compétence entre un tribunal et un autre tribunal; qu'il
s'agit, ce qui est autrement important, d'une lutte
entre deux autorités indépendantes l'une de l'autre, l'autorité judiciaire et l'autorité administrative;
que l'ordonnance qui termine le débat, ayant toujours pour effet nécessaire d'ordonner ou de défendre à l'administration de juger, elle a nécessairement, dans tous les cas, un caractère administratif;

« Que le Roi, lorsqu'il rend cette ordonnance,
ne fait pas, comme la Cour de cassation, un simple acte de juridiction, mais qu'il agit comme
administrateur suprême, élevé non-seulement
au-dessus des corps judiciaires, mais de tous les
pouvoirs publics dont il règle les mouvements,
et qu'il ramène dans les limites qui leur sont respectivement fixées par la loi :

« Considérant qu'il serait dès-lors contre tous
les principes, et qu'il y aurait une sorte d'incon-

venance à ne considérer le Roi, dans l'exercice de cette haute prérogative , que comme un juge as-. sis sur son tribunal, et l'acte émané de son autorité comme un simple jugement soumis à une formalité bursale ;

« Sont d'avis que les ordonnances rendues en matière de conflit sont des actes de haute administration , etc. »

Cet avis ayant reçu l'approbation du garde des sceaux et du ministre des finances, le comité du contentieux en inféra qu'il devait dès-lors procéder au jugement des conflits dans les formes administratives, et non plus dans celles qui sont d'usage pour les matières contentieuses.

Peu de temps après, le 12 décembre 1821 [1], le roi rendit une ordonnance qui reconnut de nouveau aux parties le droit de présenter des observations sur les conflits, soit directement, soit par le ministère d'un avocat aux conseils; et ce droit a pris plus de force encore par l'ordonnance réglémentaire dont nous nous occupons en ce moment.

Ainsi, on doit espérer que, sous le vain prétexte de *l'intérêt public* et de *mesures de haute administration*, les citoyens ne seront plus privés du droit incontestable d'intervenir dans des contesta-

---

[1] On peut voir le texte de cette ordonnance ci-dessus, pag. 37.

tions de compétence qui touchent si directement à leurs intérêts privés, et dont la solution peut être si puissante pour le jugement ultérieur de la question du fond.

Une seconde observation que fait naître l'art. xv de l'ordonnance, c'est le remède efficace qu'il apporte à l'un des plus grands abus auxquels le conflit donnait précédemment lieu; nous voulons parler de la lenteur qu'il apportait dans la marche de la plupart des affaires.

Cet abus a été signalé avec beaucoup de force à la tribune de la Chambre des Députés par M. Dupin, lors de l'examen de la proposition de M. le comte Gaëtan de la Rochefoucauld, touchant l'organisation du Conseil d'État [1].

« Un conflit, disait cet habile jurisconsulte, est une espèce d'interdit lancé sur l'ordre judiciaire; la justice est entravée, et trop souvent un conflit n'est qu'un déni de jugement; témoin celui qu'on a élevé dans la succession de M. de Cambacérès; depuis quatre ans il n'est pas encore jugé. »

M. le garde des sceaux ayant ici interrompu l'orateur, pour lui dire qu'il se trompait et que ce conflit était jugé depuis deux ans : « J'ai pu l'ignorer, reprit M. Dupin, car la décision n'a pas été rendue publique; mais enfin, au lieu de quatre ans, ce sera seulement deux ans qu'on aura mis à

---

[1] Comité secret du 10 avril 1828.

juger ce conflit, qui aurait pu être vidé en quinze jours.

« N'est-ce pas se jouer des parties? Ajoutons que, même depuis le jugement de ce conflit, c'est-à-dire depuis que l'administration a gardé la cause en la déclarant de sa compétence, le fond n'est pas encore jugé : le scellé administratif est encore maintenu au domicile de M. de Cambacérès; la partie de sa maison où il est établi est soustraite à son libre usage, comme un de ces endroits frappés de la foudre, dont la superstition des anciens leur défendait d'approcher.

« Ainsi pendant deux ans *déni de juridiction*; et depuis deux autres années, *déni de jugement*.

« D'ailleurs, est-ce bien en cette matière qu'il faut entreprendre d'excuser le Conseil d'État? Y a-t-il un point plus évident que l'abus scandaleux des conflits, ne fût-ce qu'en matière d'élection, où le mépris affecté du droit des citoyens a été porté au point de ne statuer sur leur réclamation qu'après des élections consommées, c'est-à-dire quand le préjudice était irréparable, et que la décision ne pouvait plus servir à rien?

« Les douleurs de l'ordre judiciaire ont été recueillies par un magistrat qui a rédigé sur les conflits deux volumes *in-4°* [1].

« Et qu'on ne dise pas qu'on ne se plaint des

---

[1] Des Conflits, par M. Bavoux.

conflits qu'au Palais de justice ! tous les bons esprits sont unanimes sur ce point, et je puis ici m'appuyer de l'autorité grave de M. de Cormenin, qui le premier a rassemblé les faits de la jurisprudence administrative pour tâcher d'en extraire quelques principes généraux, et d'assujettir l'administration à quelques règles [1]. »

M. Dupin aurait pu ajouter d'autres exemples à celui qu'il tirait du conflit élevé dans l'affaire Cambacérès ; il en est plusieurs qui venaient encore à l'appui de son argumentation.

Ainsi, l'un des conflits qui ont le plus soulevé l'opinion publique est celui qui a eu lieu dans le procès de la ville de Liége contre l'un des héritiers du célèbre Grétry.

Nous ne reviendrons pas sur le fond même de l'affaire dont M. Mauguin avait déjà eu occasion de parler à la Chambre des Députés [2] ; mais il nous sera facile de prouver par les dates la lenteur qui pouvait résulter d'un conflit, pour la décision définitive d'un procès.

L'arrêt de la Cour royale de Paris qui ordonnait que le cœur de Grétry serait remis à la ville de Liége est du 17 mai 1823. L'arrêté de conflit pris par le préfet de police porte la date du 20 juin suivant. Ce conflit fut déclaré valable par

[1] Voy. Macarel, *des Tribunaux administratifs*, pag. 458.
[2] Voy. ci-dessus pag. 132.

une ordonnance royale du 2 août de la même année ; et ce n'est que le 2 avril 1828 qu'intervint l'ordonnance royale qui a prescrit l'exécution de l'arrêt.

Ainsi, près de cinq ans ont été perdus par le seul fait du conflit élevé dans cette mémorable affaire.

La nouvelle ordonnance ne permet pas de croire qu'un semblable scandale puisse se renouveler.

En effet, l'article dont nous nous occupons veut qu'il soit statué par le Conseil d'État, dans quarante jours à dater de l'envoi des pièces au ministère de la justice.

Il est vrai que ce délai pourra être prorogé par le garde des sceaux, sur l'avis du Conseil d'État et la demande des parties; mais il ne pourra *en aucun cas* excéder deux mois.

Il résulte de la supputation des différents délais, prescrits par l'ordonnance, que maintenant le conflit devra être élevé et jugé dans une période qui ne pourra dépasser trois mois et six jours. Cette seule circonstance suffirait pour prouver l'amélioration qu'elle apporte dans l'instruction de ces affaires.

ART. XVI.

Si les délais ci-dessus fixés expirent sans

qu'il ait été statué sur le conflit, l'arrêté qui l'a élevé sera considéré comme non avenu, et l'instance pourra être reprise devant les tribunaux.

Cet article contient la sanction des dispositions précédentes.

La loi du 21 fructidor an III obligeait aussi à prononcer sur le conflit dans le mois. Cependant on a vu, par ce que nous avons dit à l'occasion de l'art. xv, si cette obligation fut remplie. La forme impérative de l'article dont nous nous occupons en ce moment ne permet pas de croire que les délais prescrits par la nouvelle ordonnance ne soient rigoureusement observés.

A peine seront-ils expirés, en effet, que les parties pourront se présenter devant le tribunal, et requérir qu'il soit procédé au jugement sur le fond; ce à quoi le tribunal sera tenu d'obtempérer par le seul fait que le Conseil d'État n'aura pas prononcé sur le conflit.

ART. XVII.

Au cas où le conflit serait élevé dans les matières correctionnelles comprises dans l'exception prévue par l'art. 11 de la présente ordonnance, il sera procédé conformément aux articles VI, VII et VIII.

On peut voir ce que nous avons dit sur ces différents articles, et qui s'applique aussi aux cas prévus par l'art. 11.

ART. XVIII.

Notre garde des sceaux, ministre secrétaire d'État au département de la justice, est chargé de l'exécution de la présente Ordonnance, qui sera insérée au Bulletin des lois.

Cette dernière formalité a été remplie, et la présente Ordonnance a été insérée au *Bulletin* 234, n° 8529.

Circulaire adressée par Mgr le garde des sceaux à MM. les procureurs généraux et procureurs du Roi, relativement à l'exécution de l'Ordonnance du 1er juin 1828, concernant les conflits.

Paris, le 5 juillet 1828.

MONSIEUR,

L'ordonnance du 1er juin dernier (Bulletin 234, n° 8529), relative aux conflits, a été conçue dans le double but, 1° d'assurer le libre exercice de la juridiction des tribunaux et des Cours dans toutes les matières dont ils doivent connaître, d'après les lois et réglements du royaume; 2° de conserver et garantir les attributions de l'autorité administrative, quant aux matières qui sont déférées à sa connaissance et à sa décision par des dispositions législatives *spéciales* et *formelles*.

Le principe qui domine cette ordonnance est que la juridiction des tribunaux et des Cours est pleine et entière pour toutes choses contentieuses qui sont régies par le droit commun; qu'au contraire la juridiction administrative n'est et ne peut être qu'une exception nécessaire; que s'il importe à l'ordre public de respecter cette exception, il n'importe pas moins de la restreindre dans ses justes limites. Guidés par les règles claires et précises de la nouvelle ordonnance, je suis d'avance assuré que les magistrats et les administrateurs redoubleront et rivaliseront de soins et de précautions pour se renfermer dans les bornes de leur compétence respective, et faire cesser ainsi ces chocs multipliés dont les temps qui ont précédé cette époque ont offert de fâcheux et trop nombreux exemples : mais, pour obtenir cet heureux résultat, je dois surtout, et j'aime à le dire, me reposer sur les lumières et sur l'expérience des magistrats, qui, nourris spécialement de l'étude des lois, formés par leur application journalière, et fixes dans leur position, sont nécessairement très-exercés à scruter et à résoudre les questions de compétence et d'attribution.

J'appellerai toutefois l'attention particulière des officiers du parquet sur ces sortes de causes. Beaucoup d'entre eux, très-jeunes encore, peuvent n'avoir pas eu l'occasion d'apprécier les nuances délicates, les difficultés qu'elles présentent. Ainsi, dans tous les cas où une instance donnerait lieu à quelques doutes sur le point de la compétence, je ne puis qu'inviter les officiers du ministère public à prendre communication des pièces de l'affaire, et à donner des conclusions écrites; ils répondront avec empressement, je n'en puis douter, à ce vœu, que j'exprime dans l'intérêt de l'ordre des juridictions.

Les articles i et ii de l'ordonnance semblent ne pouvoir faire naître de véritables difficultés : les magistrats pénétrés de leurs devoirs sentiront que, par respect pour les lois comme pour leur propre dignité, ils doivent, dans les cas de l'art. ii, prévenir, par un renvoi spontané devant l'autorité administrative, une déclaration de conflit.

Dans les deux cas prévus par l'article iii, il ne s'agit que d'exceptions dilatoires qui ne peuvent modifier la compétence des tribunaux et des Cours, quant au fond. Ainsi, les magistrats demeureront saisis; leurs soins dans cette circonstance s'appliqueront seulement à prescrire ou à provoquer les mesures convenables pour faire cesser les retards non justifiés, et accomplir les formalités préalables qui auraient été négligées.

Les articles iv et viii précisent les différentes hypothèses dans lesquelles le conflit devra être élevé et l'époque à laquelle la revendication du litige devra être faite par l'autorité administrative. Les dispositions de ces articles concilieront le respect dû à l'autorité de la chose jugée avec le droit de l'administration et la célérité requise dans l'expédition des affaires.

Les articles v, vi, vii, ix, x, et jusques et compris l'art. xvii, ont pour objet de régler le mode

suivant lequel le conflit sera élevé, notifié, communiqué, instruit et jugé.

Plusieurs dispositions capitales ressortent des
règles nouvelles.

L'on peut placer en premier ordre l'obligation
pour l'autorité administrative de faire connaître et
même de transcrire textuellement la disposition
législative sur laquelle la revendication de sa part
est fondée : il est du reste évident que celle-ci
n'est point exclusive du renvoi que les officiers du
parquet devraient requérir d'office et les magistrats ordonner, s'ils se reconnaissent incompétents.

En second lieu, le soin scrupuleux avec lequel
il importe que les officiers du ministère public
approfondissent le mémoire présenté par le préfet.

Cet examen préalable de la difficulté, confié à
des magistrats, a pour objet, vous le voyez, de
jeter un grand jour sur la question de compétence
soumise au tribunal, et, par suite, de rendre
les conflits proprement dits beaucoup moins fréquents.

Il serait peut-être utile que vos substituts fussent assujettis par vous à vous rendre un compte
circonstancié de toutes les affaires de cette nature,
afin que vous puissiez apprécier les principes d'a-
près lesquels ils procèdent sur des incidents aussi

graves ; il ne serait pas moins désirable que, pour le cas où le déclinatoire proposé par le préfet n'aurait point paru fondé à vos substituts, il s'établît entre eux et les préfets des communications officieuses propres à prévenir les conflits qui pourraient être inconsidérément élevés.

Vous remarquerez également l'établissement d'un registre de mouvement destiné à recueillir et faire connaître, par sa seule inspection, les dates,

1° De l'envoi au procureur du Roi du mémoire ou demande en revendication du préfet ;

2° De la communication, donnée par le procureur du Roi au tribunal, de ce mémoire et des réquisitions qui auront été prises ;

3° De l'envoi au préfet du jugement intervenu sur le déclinatoire ou renvoi proposé ou requis, et des pièces qui doivent y être jointes ;

4° De la signification de l'acte d'appel du jugement sur le déclinatoire ;

5° Du dépôt de l'arrêté de conflit et du récépissé qui sera délivré ;

6° De la remise faite par le greffier au procureur du Roi de l'arrêté de conflit et des pièces y jointes ;

7° De la communication donnée par ce magistrat au tribunal du conflit élevé, de ses réquisitions à fins de sursis et du jugement qui interviendra ;

8° Du rétablissement des pièces au greffe ;

9° De l'avis donné par le procureur du Roi aux parties ou à leurs avoués de ce rétablissement des pièces, avec invitation d'en prendre communication, et, en tous cas, de lui accuser réception de cet avis ;

10° De la remise au parquet, par les parties ou leurs avoués, de leurs observations, s'ils en ont à fournir sur la question de compétence, avec les documents à l'appui ;

11° Enfin celle de l'envoi, fait par le procureur du Roi au département de la justice, de toutes les pièces produites et relatives à l'affaire.

Les articles XI, XV et XVI fixeront aussi votre attention : l'art. XI détermine le délai passé lequel le conflit ne pourra plus être élevé devant le tribunal saisi de l'affaire ; l'article XV, celui dans lequel le conflit devra être jugé définitivement ; enfin l'article XVI règle la période de temps après laquelle l'arrêté du préfet sera censé non avenu ; et les parties seront libres de reprendre l'instance devant les tribunaux, si le conflit n'a pas été jugé.

Le registre prescrit par l'ordonnance sera tenu au parquet, et, comme il ne constate que des mesures d'ordre, il sera de papier libre ; la forme de ce registre est indifférente, pourvu qu'il offre avec clarté, méthode et certitude la série des dates et la preuve de l'accomplissement des formalités reconnues indispensables pour procéder à la revendication de la cause, instruire et juger le conflit élevé.

Il serait utile que les greffiers tinssent de leur côté un registre pour assurer l'accomplissement des obligations personnelles qui leur seront imposées. Je vous rappellerai à ce sujet la circulaire du 9 mai 1821, n° 733, B. 5, relative à la tenue d'un registre de mouvement des instances qui intéressent la régie des domaines et de l'enregistrement. Les mentions exactes, consignées sur un registre, rendront sans objet la rédaction d'un acte de dépôt proprement dit, pour constater le dépôt et le rétablissement au greffe (exigés par les articles x et xiii) de l'arrêté de conflit et des pièces.

Le récépissé à donner au préfet (art. x) sera délivré sur papier libre, et devra être visé par le procureur du Roi.

Ce magistrat devra joindre au dossier qu'il me transmettra un inventaire de toutes les pièces qui le composeront.

Enfin, et comme le vœu de l'ordonnance est qu'il intervienne sur le point de la compétence une décision aussi prompte qu'il est possible de l'obtenir, les revendications formées et les déclinatoires proposés par les préfets devront être, tant en première instance que sur l'appel, examinés et jugés comme *affaires urgentes et re-*

quérant célérité ; et, pour me donner une idée exacte du nombre des revendications et des conflits qui se seront présentés dans chaque siége , je vous prie d'inviter vos substituts à me faire connaître, par une mention spéciale, qui serait portée sur les états sémestriels, le nombre des unes et des autres.

Du reste, il n'est pas douteux que les délais pour interjeter appel du jugement sur le déclinatoire ou le renvoi requis ou proposé , soit en matière civile , soit en matière correctionnelle , sont régis par le droit commun.

Ces explications suffiront, je pense, pour procurer une exécution facile des dispositions de l'ordonnance qui va régir la matière des conflits. Je vous prie d'y tenir la main, et d'y donner tous vos soins.

Vous voudrez bien m'accuser la réception de cette instruction , et en adresser un exemplaire à chacun de vos substituts.

Recevez, monsieur le procureur général, l'assurance de ma considération très-distinguée.

Le pair de France , garde des sceaux , ministre secrétaire d'État au département de la justice.

Comte **PORTALIS.**

Le conseiller d'État, secrétaire général au ministère.

Baron de Crouseilhes.

13.

Circulaire adressée par Mgr le ministre de l'intérieur à MM. les préfets des départements, relativement à l'exécution de l'ordonnance du 1er juin 1828, concernant les conflits.

Paris, le 30 août 1828.

MONSIEUR LE PRÉFET,

L'ordonnance royale, rendue le 1er juin dernier, relativement aux conflits d'attribution entre les tribunaux et l'autorité administrative, a dû fixer toute votre attention. Vous vous êtes sans doute pénétré des principes qu'elle a consacrés, et des formes nouvelles qu'elle a établies dans le but d'assurer le libre exercice de la juridiction des tribunaux, en conservant à l'administration les attributions qui lui appartiennent en vertu des dispositions législatives. Cependant je suis informé que récemment un préfet a élevé le conflit selon le mode précédemment en usage, et sans se conformer à ce que prescrit l'ordonnance du 1er juin. Cette circonstance m'oblige à vous la rappeler, afin de prévenir une irrégularité qui pourrait se renouveler.

La principale obligation que vous impose cette ordonnance consiste à n'élever désormais le conflit qu'après un sérieux examen des matières qui doivent y donner lieu, et une étude approfondie des lois qui en attribuent la connaissance à l'administration, et dont vous êtes tenu de reproduire textuellement les dispositions, soit en revendiquant une affaire devant les tribunaux (art. VI de l'ordonnance), soit en élevant le conflit dans le cas où le déclinatoire serait rejeté, ou dans le cas où une partie aurait interjeté appel du jugement qui l'aurait admis, ou enfin dans le cas où le tribunal aurait passé outre au jugement du fond avant le délai fixé par l'ordonnance (art. VIII). Il est sans doute très-important que l'administration ne se dessaisisse d'aucune des attributions que les lois lui ont confiées dans les vues d'ordre public et dans l'intérêt des citoyens; mais il est aussi de sa dignité qu'elle ne le revendique qu'appuyée de l'autorité de ces lois; et que, ayant pour but unique de redresser des erreurs, elle se mette avec soin à l'abri du reproche d'en commettre elle-même, et d'entraver sans motif la marche des tribunaux.

Je crois superflu d'appeler votre attention sur les quatre premiers articles de l'ordonnance du

1er juin. Ils fixent d'une manière claire et précise la limite dans laquelle est restreinte la faculté d'élever le conflit. Vous remarquerez que l'art. IV décide une question fort grave, au sujet de laquelle la jurisprudence a long-temps varié : il statue qu'il ne pourra jamais être élevé de conflit après des jugements rendus en dernier ressort ou acquiescés, ni après des arrêts définitifs.

Les articles suivants tracent la marche que vous devez suivre, lorsque vous penserez qu'une affaire portée devant les tribunaux rentre dans la compétence de l'administration. Je n'ai pas besoin de vous faire observer que le but de ces dispositions, ainsi que l'esprit dans lequel l'ordonnance a été conçue, est de terminer les contestations de cette nature le plus promptement qu'il est possible.

Du reste, dans l'accomplissement des devoirs qui vous sont imposés, j'ai lieu de croire que vous serez aidé efficacement par la coopération de MM. les procureurs généraux, auxquels M. le garde des sceaux a adressé des instructions spéciales pour l'exécution de l'ordonnance du 1er juin, et que les communications officieuses qui pourront s'établir entre eux et vous préviendront les luttes fâcheuses dont le retour fréquent est l'un des principaux motifs des dispositions arrêtées par Sa Majesté.

Recevez, monsieur le préfet, l'assurance de ma considération distinguée.

Le ministre de l'intérieur.

Signé DE **MARTIGNAC.**

Nous joignons aux circulaires des ministres de la justice et de l'intérieur, un tableau indicatif du mouvement des affaires de conflit. Ce tableau a été rédigé pour l'usage d'un parquet : nous croyons qu'il serait utile qu'il en existât de semblables dans tous les autres parquets du royaume, conformément à la circulaire de Mgr le garde des sceaux, du 5 juillet 1828, ci-dessus rapportée.

du 1er juin 1828, et de la circulaire de M.gr le garde des sceaux du 5 juillet suivant.

NOMS DES PARTIES.	Date de l'envoi au procureur du Roi du mémoire ou demande en revendication du préfet.	Date de la communication donnée par le procureur du Roi au tribunal du mémoire des réquisitions prises.	Date de l'envoi au préfet du jugement intervenu sur le déclinatoire ou renvoi proposé ou requis et des pièces jointes.	Date de la signification de l'acte d'appel du jugement sur le déclinatoire.	Date du dépôt de l'arrêté de conflit et du récépissé délivré.	Date de la remise faite par le greffier au procureur du Roi de l'arrêté de conflit et des pièces jointes.	Date de la communication donnée par le procureur du Roi au tribunal, du conflit élevé, et des requisitions à fin de sursis.	Date du rétablissement des pièces au greffe.	Date de l'avis donné par le procureur du Roi aux parties ou avoués du rétablissement des pièces.	Date de la remise au parquet par les parties ou avoués, s'ils en ont à fournir, des mémoires sur la compétence avec documents à l'appui.	Date de l'envoi fait par le procureur du Roi au département de la Justice.

COMMENTAIRE

SUR

L'ORDONNANCE DES CONFLITS.

TROISIÈME PARTIE.

Législation étrangère sur les conflits d'attribution.

ROYAUME DES PAYS-BAS.

L'organisation administrative et judiciaire française est encore en vigueur dans le royaume des Pays-Bas.

Il est vrai que le Gouvernement s'occupe à la remplacer par des codes dont plusieurs ont déjà reçu la sanction législative ; mais comme ils ne seront mis en activité qu'après qu'ils auront tous été achevés, il en résulte que ce royaume est en ce moment soumis au même système de législation que lorsqu'il faisait partie de la France.

D'ailleurs, les codes qui ont déjà été discutés et adoptés par les états-généraux des Pays-Bas, s'écartent peu des codes français.

Il n'est donc point étonnant que le régime des conflits d'attribution y ait de l'analogie avec le nôtre.

C'est ce que l'on verra par les deux arrêtés royaux suivants :

Arrêté royal du 16 juillet 1820.

« Lorsque, dans les affaires qui concernent l'administration civile, les directeurs des digues et polders, et autres colléges semblables, ou même des autorités administratives quelconques, croiront leurs opérations contrariées à tort par les voies judiciaires, il leur sera permis, non-seulement de proposer aux juges leurs moyens de défense, et de soutenir de ce chef l'incompétence du tribunal, ou bien de conclure à ce que le demandeur soit débouté de sa demande ; mais encore d'exercer, s'ils le jugent nécessaire ou convenable, leur recours par-devant nous, au moyen d'une pétition motivée et accompagnée de preuves suffisantes, afin qu'il soit par nous, sur ce, statué ainsi qu'il sera trouvé appartenir suivant la nature du cas [1].

---

[1] Journal officiel du royaume des Pays-Bas, tome XV, n° 16, pag. 11.

Arrêté du 5 octobre 1822.

« Considérant qu'il résulte évidemment de plusieurs dispositions de la loi fondamentale, et nommément de celles contenues dans les art. 146, 149, 150, 152, 155, 158 et 159 [1], que les autorités administratives exercent les pouvoirs qui leur sont attribués par la même loi, par les lois générales du royaume et par nos réglements et arrêtés d'administration publique, sous notre surveillance et autorité supérieure et souveraine ; que la loi fondamentale, en nous imposant l'obligation de ne pas souffrir qu'on s'en écarte en aucune occasion, ou sous aucun prétexte, quel qu'il puisse être, nous a constitué le juge supérieur et en dernier ressort

[1] ART. 146. Les États (provinciaux) sont chargés de tout ce qui tient à l'administration et à l'économie intérieure de leur province. Les ordonnances et réglements que, dans l'intérêt général de la province, ils jugent nécessaires ou utiles, doivent, avant d'être mis en exécution, avoir reçu l'approbation du Roi.

ART. 149. Le Roi peut suspendre ou annuler les actes des États provinciaux, qui seraient contraires aux lois et à l'intérêt général.

ART. 150. Les États provinciaux proposent au Roi l'entretien ou la confection des travaux ou établissements qu'ils croient utiles à leur province ; ils peuvent proposer en même temps les moyens de pourvoir à la dépense, en tout ou en partie, aux frais de la province.

En cas d'approbation, ils ont la direction des travaux et l'économie des moyens, à charge d'en rendre compte.

ART. 152. Des réglements faits par les États provinciaux, sanctionnés par le Roi, déterminent le mode d'exercer le poude la légalité et validité des réglements, ordonnances et résolutions émanés des autorités administratives, ainsi que des actes gérés par les administrateurs dans l'exercice de leurs fonctions administratives; que de là il résulte ultérieurement, par une conséquence nécessaire et immédiate, qu'il ne peut entrer dans les attributions légales et constitutionnelles du pouvoir judiciaire de prendre connaissance des actes administratifs, ou de s'y immiscer;

« Considérant que les lois qui attribuent, en certaines matières qu'elles déterminent, la connaissance des contestations aux autorités administratives, déclarent par cette attribution même que les tribunaux sont incompétents pour en connaître;

voir qui leur est attribué par la loi fondamentale, et conséquences d'icelle.

Art. 155. Les administrations locales ont la direction pleine et entière, telle qu'elle est déterminée par les réglements, de leurs intérêts particuliers et domestiques : les ordonnances qu'elles font à ce sujet, sont adressées par copie aux États de la province, et ne peuvent être contraires aux lois ou à l'intérêt général.

Le Roi a, en tout temps, le droit de requérir sur l'administration des autorités locales, telles informations, et de faire à cet égard telles dispositions qu'il trouvera nécessaires.

Art. 158. Aucune nouvelle imposition communale ne peut être établie sans le consentement du Roi.

Art. 159. Les États adressent au Roi tous les budgets des communes dont il requiert l'envoi.

Le Roi donne les instructions nécessaires pour l'apurement des comptes à rendre par les administrations locales.

« Voulant faire l'application d'une partie des principes développés dans notre arrêté du 16 juillet 1820, et en appliquer les dispositions à tous les cas où des administrations ou des administrateurs seraient, à raison de leur gestion administrative ou des actes faits dans l'exercice de leurs fonctions, cités devant les cours et les tribunaux de justice, ou lorsque ceux-ci prendraient connaissance de contestations qui, en vertu de la loi fondamentale, des lois générales du royaume, ou de nos réglements d'administration générale, sont dans les attributions de l'autorité administrative;

« Voulant finalement déterminer le mode d'après lequel, en pareil cas, l'autorité administrative interviendra, et d'après lequel nous déciderons la contestation en résultant entre les autorités administratives et judiciaires avec pleine connaissance de cause, et après avoir entendu toutes les parties intéressées en leurs moyens et défenses;

« Avons statué et statuons:

« Art. 1er. Nos gouverneurs civils provinciaux devront, lorsqu'il sera parvenu à leur connaissance que des administrations ou des administrateurs sont cités devant les tribunaux, du chef de leurs faits ou actes administratifs, ou que la légalité et la validité de leurs actes administratifs sont portées à la connaissance et décision des tribunaux, ou que ceux-ci prennent connaissance de contestations qui, d'après les lois du royaume ou nos réglements d'administration publique, sont dans les attributions de l'autorité administrative, après avoir pris l'avis du collége des états députés de leur province, et eu égard à l'art. 165 de la loi fondamentale, et à la loi du 16 juin 1816, prendre, s'il y a lieu, une résolution motivée dans laquelle ils déclareront que l'autorité administrative intervient dans la cause et soutient que la connaissance n'en peut appartenir aux cours et tribunaux de justice.

« Ils transmettront sans délai des expéditions de leur résolution à notre ministre de la justice, au président du tribunal devant lequel la cause est intentée, et à notre procureur ou officier exerçant près le même tribunal.

« ART. 2. Notre procureur ou officier royal devra, à la réception de la résolution mentionnée dans l'article précédent, requérir par écrit dont il demandera acte au plumitif, que les pièces du procès lui soient immédiatement remises, pour en être référé à nous, et être statué par nous sur l'intervention déclarée, ce qu'au cas nous paraîtra appartenir; et il conclura par le même réquisitoire à ce que les juges aient à s'abstenir, jusqu'à notre décision, de prendre connaissance de la contestation.

« Les art. 127 et 128 du Code pénal sont applicables aux juges qui refuseraient de se conformer audit réquisitoire, et à nos procureurs et officiers royaux qui négligeraient de faire le réquisitoire mentionné ci-dessus.

« Art. 3. Nos procureurs et officiers royaux transmettront, le seizième jour qui suivra ledit réquisitoire, à notre ministre de la justice, un rapport circonstancié de la contestation; ils y joindront, en original ou par copies conformes, toutes les pièces et tous les actes de la procédure principale, dont la remise leur aura été faite, ainsi que copie de leur réquisitoire au tribunal, et tous ou tels mémoires de défenses que les parties intéressées ou le tribunal lui-même leur auraient remis, soit pour soutenir la compétence du tribunal, soit pour la combattre.

« Il restera en outre libre, tant aux parties intéressées qu'au tribunal, d'adresser, en dedans le mois qui suivra le réquisitoire mentionné dans l'article précédent, directement à notre ministre de la justice, tous et tels mémoires qu'ils aviseront pour prouver que l'action intentée appartient ou n'appartient pas à la connaissance de l'autorité judiciaire.

« Art. 4. Notre ministre de la justice, conjointement avec le chef ou les chefs de départements ministériels dans les attributions desquels l'objet de la contestation principale est particulièrement placé, nous feront, en dedans le mois qui suivra l'arrivée des pièces au département de la justice, un rapport détaillé de l'affaire, auquel seront jointes toutes les pièces qui y appartiennent, afin qu'il y soit par nous statué, ainsi qu'il nous paraîtra convenir, par décisions motivées, et après avoir entendu notre Conseil d'État.

« ART. 5. Nos décisions en cette matière seront insérées dans les *journaux officiels*, comme réglements d'administration publique [1]. »

La disposition la plus remarquable de cet arrêté royal est celle qui autorise le tribunal dessaisi à présenter un mémoire dans lequel il peut soutenir sa propre compétence.

La défense des parties y paraît aussi suffisamment garantie.

Mais il en résulte que, dans le royaume des Pays-Bas comme en France, le roi s'est réservé le droit de prononcer souverainement sur les conflits d'attribution élevés entre les autorités judiciaires et administratives, et que les décisions qu'il rend en cette matière sont considérées comme des réglements d'administration publique.

Un projet de loi sur l'organisation judiciaire, présenté aux états-généraux en 1827, contenait quelques articles concernant les conflits ; mais ces articles ayant trouvé une opposition générale dans la deuxième chambre, le Gouvernement les retira, et la nouvelle loi, adoptée le 18 avril 1827, ne contient aucune disposition sur les conflits ; elle porte seulement à l'art. 2 : « La connaissance et le

---

[1] Journal officiel du royaume des Pays-Bas, tome XVII, partie III, n° 44.

jugement de toutes les contestations concernant la propriété et les droits qui en dérivent, et l'application des peines de toute nature, légalement établies, sont exclusivement déférées aux autorités judiciaires d'après la division des juridictions, les compétences et les attributions réglées par la présente loi. »

Les discussions qui eurent lieu, dans la deuxième chambre des États-généraux, sur le projet de code dont nous venons de parler, donnèrent naissance à plusieurs écrits, publiés en français et en hollandais depuis cette époque. Presque tous traitent aussi des conflits. On remarqua parmi eux celui que M. Donker-Curtius van Tienhoven, député de la Hollande, publia en français à Bruxelles, en 1827, sous ce titre : *Opinion énoncée par M. D. C. v. T. à la deuxième chambre des États-généraux, sur le projet de loi sur l'organisation judiciaire.*

Nous devons dire aussi, pour compléter ces détails, que plusieurs jurisconsultes des Pays-Bas pensent que divers articles de la loi fondamentale ont dérogé au droit français en matière de conflits. Telle est l'opinion embrassée par M. Backer dans une savante dissertation sur les limites de la compétence des tribunaux civils et de l'autorité administrative, insérée dans quatre numéros du journal de droit imprimé à Amsterdam sous le titre de : *By-dragen tot regtsgeleerdheid en wetgering* ; ou

Recueil de jurisprudence et de législation. Nous renvoyons ceux de nos lecteurs qui voudraient puiser de nombreuses lumières sur la matière des conflits en général, et particulièrement dans le royaume des Pays-Bas, aux articles de M. Backer.

On pourra aussi consulter avec fruit un article que M. Mittermaier, professeur à l'université d'Heidelberg, a fait insérer dans le journal allemand intitulé *Zeitschrift für civilitische Praxis* (Archives du droit civil, volume **X**, 3ᵉ livraison). Il y traite des conflits, en comparant la nouvelle organisation judiciaire des Pays-Bas à un projet de loi présenté par le roi de Bavière aux États de son royaume, sur le même sujet.

PROVINCES RHÉNANES DE LA PRUSSE [1].

L'organisation judiciaire et administrative, dans les provinces de la rive gauche du Rhin, est restée jusqu'ici à peu près la même qu'elle a été établie par le gouvernement français. Seulement on a supprimé les tribunaux d'arrondissements; on n'a laissé que ceux des chefs-lieux de départements. Il existe une seule cour d'appel à Cologne ; la Cour de cassation se trouve à Berlin.

Le préfet, le conseil de préfecture, le directeur

---

[1] Je dois tout ce qui concerne les détails que je donne sur les provinces du Rhin, à **M.** Fœlix, avocat, originaire de ces provinces.

des domaines, celui des contributions directes, et le conservateur des forêts, ont été remplacés par la régence établie au chef-lieu du département. C'est un collége composé de seize à vingt conseillers, divisés en deux sections, dont l'une est chargée de l'administration, l'autre des finances. Chacun des conseillers est préposé à une branche particulière de l'administration ou des finances, telles que la conscription, la police, les communes, les forêts, etc. ; et c'est sur le rapport de ce conseiller que les décisions sont prises par la section à laquelle appartient l'affaire. L'administration des douanes et des contributions indirectes (parmi lesquelles on compte aussi le timbre, l'enregistrement et les hypothèques), avait également, dans le principe, été réunie aux attributions de la régence ; mais, depuis quelques années, cette administration en a été distraite et placée dans les mains d'un directeur général qui réside à Cologne. L'administration des postes a son directeur-général à Berlin, et elle est indépendante des régences. De même, l'administration des mines, qui embrasse également la régie des mines, houillères, salines, usines et autres établissements de ce genre, appartenant au Gouvernement, a son directeur général à Berlin, et une sous-direction à Bonn. Les régences et les administrations séparées sont soumises aux différents ministères.

Dans cet état de choses, l'administration demeure rigoureusement séparée du pouvoir judiciaire.

L'ordonnance que nous allons rapporter, en fixant les limites de la compétence des régences et des tribunaux, a établi le mode des conflits d'attribution.

Extrait de l'ordonnance rendue par le Conseil des ministres du Roi de Prusse, en date du 20 juillet 1818, relative aux limites respectives des autorités judiciaire et administrative, et aux conflits d'attribution dans les provinces du Rhin.

Art. II. Les régences prononcent sur :

1º Les contestations élevées entre les contribuables et les percepteurs, lorsqu'il s'agit de leurs comptes respectifs ;

2º Les contestations qui s'élèvent entre les communes et les propriétaires, relativement à la direction, l'extension et l'élargissement des chemins communaux et vicinaux, ordonnés par l'administration, à l'exception des cas où il s'agit d'une question de propriété ;

3º Lorsqu'il s'agit, soit de l'élévation des eaux par l'effet d'ouvrages inférieurs, soit des moyens de procurer l'eau nécessaire au propriétaire ou fermier d'un moulin : en prenant toutefois en considération l'intérêt réciproque de l'agriculture et du meunier, ou autres personnes auxquelles les eaux peuvent être utiles ;

4° Les régences fixeront également la hauteur des eaux, à moins que cet objet n'ait été réglé par des conventions, des transactions, ou d'une autre manière irrévocable.

5° Elles prononcent également sur les oppositions formées par des tierces personnes contre l'établissement de manufactures ou d'ateliers qui répandent une odeur insalubre ou incommode, sans distinguer si les oppositions ont été formées avant ou après que le propriétaire de la manufacture ait obtenu l'autorisation de l'établir.

ART. IV. Les régences sont autorisées à confirmer ou à annuler les délibérations et les arrêtés des conseils municipaux relatifs à la jouissance des biens communaux, et aux changements à faire dans le mode de cette jouissance. Elles décideront également les contestations qui s'élèveront à ce sujet entre les membres des communes.

ART. VI. Les régences autoriseront les communes et les établissements publics, ou leurs receveurs et administrateurs, à consentir la radiation, la réduction ou tout autre changement à faire dans les hypothèques qui existent à leur profit ; à l'exception du cas où la radiation, la réduction ou l'autre changement, se fait en vertu d'un jugement passé en force de chose jugée.

Art. VIII. Les régences décideront les contestations qui s'élèveront sur la légalité de la répartition, faite entre les contribuables, des contributions directes et des centimes additionnels ordinaires ou extraordinaires. Les contribuables qui prétendent que leur quote est excessive ou illégale, présenteront leurs réclamations à la régence, qui en décidera.

Art. IX. Conformément au principe énoncé en l'article précédent, les régences prononceront également sur la question de savoir si un bâtiment doit être regardé comme faisant partie d'une manufacture, et, par conséquent, affranchi de la contribution des portes et fenêtres.

Art. X. Le même principe s'applique aux contributions qui concernent seulement une commune particulière, soit qu'elles consistent en argent, soit en prestations en nature; par exemple, les contributions ou les travaux pour nettoyer les canaux, les ruisseaux, etc.

Art. XI. Les régences prononceront sur les réclamations des propriétaires de mines qui soutiennent que la quote des contributions qui leur est imposée, dans la proportion du revenu présumé, se trouve exagérée.

Art. XII. La quotité des dommages-intérêts dus au propriétaire sur le terrain duquel l'administration des ponts-et-chaussées se propose de prendre des pierres ou du sable sera fixée par la régence, d'après l'avis préalable de l'administration locale et d'experts impartiaux.

Art. XIII. La question de savoir si, pour le bien général, il sera établi des chaussées, si la direction de celles existantes sera changée, s'il sera construit des canaux, des fortifications, etc., est toujours du ressort exclusif des autorités administratives, dans les limites de la compétence respective qui leur a été assignée par Sa Majesté. Le particulier dont les propriétés seront destinées à cet usage public, ne sera obligé de les déguerpir que moyennant indemnité, et dans les formes prescrites par la loi du 8 mars 1810.

Art. XIV. Les autorités administratives approuveront ou rejetteront les titres produits par les agents comptables ou autres fonctionnaires obligés à fournir caution. Ce principe est applicable même au cas où le fonctionnaire prête serment en justice, et qu'il y doit justifier avoir fourni la caution.

Art. XV. En matière de finances, l'ordonnance royale du 26 décembre 1808, art. 41 et 42, continuera d'être observée. En conséquence, il est permis à tout individu qui se croit lésé par un arrêté de la régence, rendu en sa qualité d'autorité financière, et qui, en conséquence, est relatif à l'administration des biens du fisc, de se pourvoir en justice, à la seule exception des cas prévus par les art. 35 et 36 ci-après [1].

Le même principe a lieu quant aux arrêtés des régences concernant l'administration de la fortune des établissements publics soumis à leur surveillance. Enfin il est permis à tout individu, sous les restrictions énoncées ci-dessus, de porter à la connaissance des tribunaux ses réclamations relatives à des objets concernant l'administration de la poste ou celle des mines.

Art. **XVI.** Pour que des actions frivoles ne puissent point causer une confusion ou interruption dans l'administration des finances, les régences pourront, nonobstant l'opposition formée contre leurs arrêtés :

1° Faire rentrer, par voie de contrainte, aux époques fixées pour le paiement ou la livraison, tous les revenus de l'État, et les prestations foncières, sauf les restrictions mentionnées par le code général, partie 4, titre 14, article 82 et 83.

2° Lorsqu'il s'agit de l'accomplissement d'obligations contractées par des particuliers envers le fisc, telles que de baux à ferme des biens domaniaux et de droits régaliens, et que le particulier

---

[1] Cette disposition s'applique aujourd'hui également aux décisions rendues par le directeur-général des douanes et des contributions indirectes. Voy. ci-dessus p. 211.

refuse de remplir ses engagements conventionnels, les régences pourront, après avoir entendu sommairement le débiteur, fixer provisoirement une somme liquide, et le forcer à la payer immédiatement.

3° Elles sont autorisées à mettre sous séquestre les biens et droits fiscaux loués à terme, lorsque les fermiers se trouvent en retard de payer le prix, ou qu'ils abusent de la chose louée.

4° A l'expiration des baux ou de l'usufruit accordé à un particulier sur des biens ou droits fiscaux, les régences pourront, après une information sommaire, ordonner l'expulsion des détenteurs, et faire exécuter immédiatement cet arrêté. Avant l'expiration du bail ou de l'usufruit, les détenteurs ne pourront être expulsés qu'en vertu d'une décision judiciaire.

5° Lorsqu'il s'agit d'autres contrats passés par l'administration, tels que de fournitures de guerre et d'entreprises importantes, dont le particulier refuse l'accomplissement tel que l'exige la régence, et que celle-ci est d'avis que cette inexécution pourra entraîner un dommage irréparable dont le débiteur est hors d'état de faire raison à l'État, elle pourra le contraindre, par voie d'exécution, à remplir ses engagements.

Art. **XVII.** Dans tous les cas prévus en l'article précédent, les régences pourront faire mettre leurs arrêtés en exécution, sauf les droits de l'opposant. La question sur la nécesssité de cette mesure d'exécution est entièrement abandonnée à leur sagesse. Il est défendu aux tribunaux d'y apporter aucun empêchement. L'action possessoire n'est pas admissible à l'égard de ces mesures exécutives ordonnées par la régence, ni contre le fisc, ni contre des corporations ou des particuliers. L'exécution sera continuée jusqu'à ce qu'il soit intervenu une décision au pétitoire, à moins que la régence elle-même ne juge convenable de la faire cesser.

Art. XVIII. Les régences sont tenues d'observer, dans l'exercice de ce pouvoir exécutif, les différents degrés prescrits par les lois[1]. Cependant :

1° Dans les cas où l'obligation contractée par l'opposant est de nature à pouvoir également être remplie par un tiers, et après avoir inutilement sommé l'opposant à se conformer à ses engagements, la régence est autorisée à faire remplir ces engagements par un tiers, pour le compte de l'opposant ; elle pourra aussi, s'il s'agit de four-

---

[1] En Prusse, on ne peut user à la fois de toutes les voies d'exécution, comme en France ; on doit commencer par la saisie des meubles, et seulement, si elle ne produit pas le paiement de la dette entière, on peut procéder à la saisie des immeubles.

nitures en général, et non de certains objets qui se trouvent en la possession du débiteur, faire acheter ces objets pour le compte du débiteur. Dans l'un et l'autre cas, la régence peut le forcer au paiement des frais par voie d'exécution.

2° Les régences peuvent prononcer des peines jusqu'à concurrence d'une amende de 100 écus (370 fr.), ou d'un emprisonnement de quatre semaines ; et elles sont autorisées à faire mettre provisoirement en exécution les décisions qu'elles rendent à cet égard.

3° Lorsque, dans ces différents cas d'exécution, il s'agit de faire exproprier un immeuble, cette expropriation aura lieu par-devant le tribunal de sa situation : mais ce tribunal ne pourra refuser d'y procéder, dès que l'obligation du débiteur se trouvera constatée.

4° La vente de meubles saisis aura toujours lieu par le ministère d'un officier de justice ; au surplus, les régences pourront prendre les mesures conservatoires convenables pour sûreté de la rentrée des frais ou de l'amende.

Art. XIX. Les autorités administratives étant indépendantes des tribunaux, et réciproquement, les parties ne pourront jamais prendre un recours devant les tribunaux ; dans les cas où les régences sont chargées de décider au fond, ou autorisées à procéder par voie d'exécution, et soit que les griefs portent contre la décision elle-même, soit qu'ils attaquent le mode de procéder, les tribunaux sont tenus de rejeter ces demandes purement et simplement. Cependant les parties intéressées peuvent, dans les deux mois à dater de la signification qui leur a été faite de la décision de la régence, présenter leurs griefs à celle des autorités supérieures à laquelle les régences se trouvent subordonnées pour la branche d'administration dont il s'agit; sauf cependant ce qui est dit, art. 17, relativement aux dispositions simplement provisoires et sur le droit de prendre la voie du pétitoire.

ART. XX. Les tribunaux prononceront :

1° Sur les demandes formées entre particuliers à fin de restitution de contributions payées, lorsque le demandeur soutient qu'il les a déboursées pour le défendeur et dans son intérêt.

2° Sur les contestations élevées entre une ville et un particulier qui a perçu les droits d'octroi, soit moyennant une partie proportionnelle du produit, soit en qualité de fermier, et lorsqu'il s'agit des comptes de recette ou de l'interprétation et des conditions du contrat de bail.

3° Sur les demandes formées contre une ville ou autre commune en paiement des fournitures ou travaux faits pour son compte.

4° Sur les contestations qui s'élèvent entre l'administration des domaines et les acquéreurs de biens domaniaux, soit qu'il s'agisse de la validité de l'aliénation, soit de l'interprétation et des effets du contrat : il en est de même des contestations relatives au bornage.

5° Sur les procès élevés entre l'administration et le fermier d'un bien domanial, sauf ce qui a été dit art. 6, n°ˢ 1, 2, 3 et 4.

6° Sur les demandes formées par l'administration contre les entrepreneurs de fournitures, et *vice versá*, sans distinguer, qu'il s'agisse de l'accomplissement ou de l'annulation du contrat, ou du sens et de l'interprétation qui doit lui être donné, sauf ce qui a été dit aux articles 16, 17, et 18.

7° Sur les demandes formées contre les entrepreneurs de travaux publics, en réparation du dommage qu'ils ont causé à des particuliers, à l'occasion de leurs travaux, soit par leur fait, soit par leur négligence.

8° Ils prononceront les amendes contre ceux qui auront contrevenu aux dispositions législatives concernant la police des grandes routes, des chemins, des rivières, bords et rivages, des plantations à côté des grandes routes et des chemins vicinaux, lorsque les autorités locales en auront porté plainte.

9° Sur la demande en nullité de l'aliénation d'un bien communal, faite en vertu de la loi du 20 mars 1813, sans distinguer s'il s'agit d'une contestation élevée entre la commune et l'acquéreur, ou entre plusieurs particuliers dont chacun prétend avoir fait l'acquisition.

10° Sur les demandes intentées contre l'acquéreur en paiement du prix de vente.

Art. XXV. Sont maintenues les lois actuelles concernant les formes à suivre pour la mise en exécution des jugements rendus contre le fisc, contre les communes ou contre les établissements publics soumis à la surveillance de la régence.

Art. XXXII. Les arrêtés rendus par les régences, sous l'approbation des autorités supérieures, en matière de police et d'administration, sont obligatoires pour les tribunaux, en autant qu'ils ne prononcent point une peine excédant celle fixée par la loi; dans le cas contraire, les tribunaux réduiront la peine au taux légal.

Art. XXXIII. Les contrevenants à une loi de police qui ne prononce point une peine spéciale, seront punis, par les tribunaux de police, d'une amende d'un à cinq écus (3 fr. 70 c. à 18 fr. 50 c.).

Art. XXXIV. La connaissance des contraventions qui jusqu'ici appartenait aux conseils de préfecture, est attribuée, en première instance, aux tribunaux de simple police ou aux tribunaux de première instance, selon l'étendue de la peine.

Art. XXXV. Les régences pourront établir des peines de discipline contre les fonctionnaires et employés de leur ressort, et faire exécuter ces peines ; défense est faite aux tribunaux de s'y immiscer.

Art. XXXVI. Les tribunaux ne pourront commencer une instruction criminelle ou de police contre un fonctionnaire civil de l'administration, pour délit ou crime commis dans l'exercice de ses fonctions ou à l'occasion de cet exercice, que sur la demande de la régence à laquelle le prévenu est subordonné, à moins que ce crime ou délit n'ait été accompagné d'excès aussi graves, que l'auteur serait punissable même sans être fonctionnaire.

Art. XXXVIII. Dans tous les cas où un fonctionnaire subordonné à la régence se trouve poursuivi en indemnité ou en réparation d'injures, pour des faits concernant son emploi, ou lorsqu'une demande en paiement de deniers à été portée en justice contre un fonctionnaire préposé à une caisse publique, le ministère public est tenu d'en donner avis à la régence, aussitôt que l'affaire sera portée au rôle.

Art. XL. Il est ordonné à toutes autorités judiciaires et administratives dans les provinces rhénanes, de se renfermer strictement dans les limites de leurs pouvoirs respectifs, telles qu'elles sont définies par la présente. Dans les cas douteux, elles se communiqueront mutuellement leurs vues et leurs motifs; et, lorsqu'elles ne pourront point tomber d'accord, chacune d'elles fera, sans délai, son rapport à l'autorité à laquelle elle se trouve subordonnée, dont elle attendra les instructions; mais, en attendant, elle s'abstiendra de porter une décision quelconque dans l'affaire qui aura donné lieu à ce conflit, afin d'éviter des collisions inutiles, préjudiciables au service.

Toutefois, l'autorité qui a été saisie la première de l'affaire pourra prendre, dans l'intérêt de toutes les parties, pour la conservation de l'objet litigieux, les mesures nécessaires et qui ne sauraient souffrir de retard.

Berlin, le 20 juillet 1818.

Le conseil des ministres,

Signé D'ALTENSTEIN, DE BEYMÉ, DE KIRCHEISEN, DE BULOW, DE LOTTUM, DE KLEWITZ.

On remarquera surtout, dans cette ordonnance, l'art. 36 qui confère aux fonctionnaires publics de l'ordre administratif, dans le cas de mises en ju-

gement, la garantie constitutionnelle que les fonctionnaires de même nature possèdent aussi en
France, par suite de l'art. 75 de la constitution
de l'an VIII.

FIN.

TABLE ALPHABÉTIQUE

DES MATIÈRES.

A

Arrêté de conflit. — Doit viser le jugement intervenu sur la compétence et l'acte d'appel, s'il y a lieu; la disposition législative, qui attribue à l'administration la connaissance du point litigieux, doit y être aussi textuellement insérée, page 166. — Doit être déposé avec les pièces y visées au greffe du tribunal, p. 168. — Si la formalité du dépôt n'a pas été remplie dans le délai de quinzaine, le conflit ne peut plus être élevé devant le tribunal saisi de l'affaire, p. 169.

Arrêts. — Le conflit peut-il être élevé après des arrêts de Cour royale rendus contradictoirement? p. 87 et suiv.

Assemblée constituante. — Établit la séparation des pouvoirs administratif et judiciaire, p. 1.

Assignation. — Voy. Exploit.

tions sont ceux qui ont le plus agité l'opinion, p. 77. — Pourquoi? *id.* et suiv. — Tableau général des conflits d'attribution, depuis l'an VIII jusqu'au 1er janvier 1828, p. 113. — Abrogé en matière criminelle, p. 116. — En matière correctionnelle ne peut avoir lieu qu'en deux cas, p. 119 et suiv. — Le défaut d'autorisation préalable ne donne pas lieu à conflit, p. 122 et suiv. — N'a plus lieu en matière d'élections, p. 126. — Ne peut être élevé après des jugements en dernier ressort ou acquiescés, p. 149 et suiv. — Dans quelle forme il doit être élevé, p. 151 et suiv. — Ne peut avoir lieu dans les matières où les juges de paix et les tribunaux de commerce prononcent en dernier ressort, p. 159 et suiv. — Conflit dans le royaume des Pays-Bas, p. 201 et suiv. — Dans les provinces rhénanes de la Prusse, p. 210.

CONSEILS DE PRÉFECTURE. — Peuvent condamner à l'amende les contrevenants en matière de grande voirie, p. 120. — Ont le droit de statuer sur les contraventions en matière de police de roulage, p. 121.

CONSEIL D'ÉTAT. — Ne peut, sous prétexte de conflit, bouleverser et franchir l'ordre constitutionnel des juridictions, p. 46. — Résultats de ce principe, *id.* et p. suiv. — Dans quel délai doit juger le conflit, p. 175.

CONSEILLERS DE PRÉFECTURE. — Nécessité qu'il y aurait qu'ils fussent licenciés en droit et qu'ils

D

E

G

H

I

M

O

P

Q

R

S

T

V

FIN DE LA TABLE.